Carl Wolff

Die Rechte der Miether und Vermiether in Preußen

Carl Wolff

Die Rechte der Miether und Vermiether in Preußen

ISBN/EAN: 9783744633277

Hergestellt in Europa, USA, Kanada, Australien, Japan

Cover: Foto ©Suzi / pixelio.de

Weitere Bücher finden Sie auf **www.hansebooks.com**

Inhalts-Verzeichniß.

Erstes Kapitel.   Seite

Begriff, Eigenthümlichkeiten und Erfordernisse des Miethsvertrages 1

Zweites Kapitel.

Wirkungen des Miethsvertrages 6
  Erster Abschnitt. Verbindlichkeiten des Vermiethers . 6
  Zweiter Abschnitt. Verbindlichkeiten des Miethers . 15

Drittes Kapitel.

Beendigung des Miethsverhältnisses 26
  Erster Abschnitt. Beendigung der Miethe von selbst . 27
  Zweiter Abschnitt. Kündigung der Miethe 29

Viertes Kapitel.

Verlängerung des Miethsvertrages 49

Fünftes Kapitel.

Rechtsmittel 51
  Erster Abschnitt. Klagen 51
  Zweiter Abschnitt. Sicherungsmittel 53

Sechstes Kapitel.

Meldewesen 66

Siebentes Kapitel.

Zuständigkeit der Gerichte 67

Muster zu einem Miethsvertrage 69
Muster einer Hausordnung 73
Alphabetisches Sachregister 76

Erstes Kapitel.
Begriff, Eigenthümlichkeiten und Erfordernisse des Miethsvertrages.

I. Unter Miethe versteht man einen Vertrag, kraft dessen ein Vertragsschließer dem anderen den Gebrauch einer Sache, und dieser dagegen jenem eine Summe Geldes zu gewähren verspricht. Sie ist nicht als Handelsgeschäft anzusehen. Der Gewährer des Gebrauchs ist der Vermiether, der Gewährer des Geldes der Miether. Das allgemeine Preußische Landrecht (fortan als A. L.-R. bezeichnet), dessen Bestimmungen im Großen und Ganzen für die alten Preußischen Provinzen heut noch maßgebend sind und nach denen auch die Rechte und Pflichten der Miether und Vermiether in Berlin beurtheilt werden sollen (V. v. 24. Nov. 1812. G.-S. S. 196), enthält in § 258 Theil I. Titel 21 die folgende Begriffsbestimmung: Wenn für den Gebrauch einer geliehenen Sache ein bestimmter Preis gedungen wird, so heißt das Geschäft ein Miethungsvertrag.

Wird Jemandem aber gegen einen solchen bestimmten Preis oder Zins eine Sache nicht nur zum Gebrauch, sondern auch zur Nutzung überlassen, so heißt das Geschäft ein Pachtvertrag, mithin findet Pacht nur an einer fruchttragenden Sache statt.

Ob ein Stück Land verpachtet oder vermiethet ist, richtet sich daher nach dem Zweck, welchen die Parteien beabsichtigten. Wird nur der Gebrauch z. B. eines Trockenplatzes gewährt, so liegt Miethe vor, wenn aber auch der Fruchtgenuß, wie z. B. die Grasnutzung, mitüberlassen wird, dann Pacht, und zwar ohne Rücksicht darauf, ob trotzdem der Vertrag unrichtig als Mieth- oder Pachtvertrag bezeichnet worden war.

Ist nun über eine fruchttragende Sache mit einer anderen,

die nur eben durch den Gebrauch der Substanz genutzt werden kann, zugleich nur Ein Vertrag geschlossen worden, so giebt bei der Bestimmung, ob das Geschäft als ein Mieths- oder Pacht-Vertrag anzusehen oder zu behandeln sei, die Beschaffenheit der Hauptsache den Ausschlag. Hauptsache ist hier diejenige Sache, welche der beabsichtigten Art des Gebrauchs oder der Benutzung am besten entspricht, also den Parteien die Hauptsache war; bei Gasthöfen, Fabriken, Ueberlassung ganzer Häuser zum Weitervermiethen, Plätzen zur Aufstellung von Buden etc. ist mithin stets Miethe anzunehmen, ebenso bei Ueberlassung eines Lokals mit Baulichkeiten und Gärten zum Betriebe einer Restauration, gleichgültig, ob der Unternehmer das Geschäft selbst betreibt oder dessen einzelne Zweige weiter vermiethet (Erk. d. Ob.-Trib. v. 9. Mai 1855). Sind aber dieselben Baulichkeiten und Gärten zum Betriebe einer Gärtnerei überlassen, so liegt Pacht vor. In zweifelhaften Fällen wird aber bei städtischen Grundstücken ein Miethsvertrag, bei ländlichen ein Pachtvertrag angenommen, der Miether einer städtischen Wohnung mit Garten hat daher im Zweifel keinen Fruchtgenuß an den Obstbäumen etc.

II. Am nächsten ist das Miethsverhältniß dem Kaufe verwandt, wie dies bereits im Römischen Recht ausgesprochen ist, wo Kaufvertrag und Miethsvertrag denselben Rechtsregeln unterworfen werden, wiewohl sie in mehreren Punkten von einander abweichen. In beiden Fällen wird gekauft, dort die Sache selbst, hier ihr Gebrauch oder besser ihr Gebrauchswerth, in beiden Fällen wird ein bestimmter Preis dafür bedungen, dort der Kaufpreis, hier der sogenannte Miethszins. Andrerseits sind jedoch gewisse Rechtsregeln dem Miethsverhältniß eigenthümlich, welche erheblich von denen des Kaufvertrages abweichen, so diejenige, daß die gewissermaßen verkaufte Sache, der Gebrauchswerth, nicht unmittelbar übergeben werden kann, sondern nur mittelbar durch Uebergabe der Sache; die Sache wird nicht Vermögensbestandtheil des Miethers, er erlangt kein Recht auf ihre Substanz, er hat die Pflicht, sie zurückzugeben, sie bleibt im Eigenthum des Vermiethers.

III. Im A. L.-R. wird die Miethe unter die eingeschränkten Nutzungsrechte gerechnet. Sie tritt in dieser Beziehung in einen Gegensatz zum Nießbrauch, welcher als vollständiges Nutzungsrecht eine eingreifendere Einwirkung auf die Sache gestattet, als die eingeschränkten, zu denen die Miethe gehört.

Nach dem A. L.-R. zählt die Miethe zu den dinglichen Rechten[1]), d. h. zu denjenigen Rechten, welche direkt auf eine Sache gehen. Sie wird bezeichnet als unvollständiger Besitz; sie gewährt diejenigen Rechtsmittel gegen jeden Störer, auch gegen den Vermiether, welche der Besitz gewährt. Es ist jedoch festzuhalten, daß auch nach dem A. L.-R., das Rechtsverhältniß zwischen Miether und Vermiether im Wesentlichen ein obligatorisches ist, da ihre gegenseitigen Befugnisse und Verpflichtungen sich im Wesentlichen nicht aus der dem Rechte des Miethers beigelegten dinglichen Natur mit ihren Folgerungen herleiten lassen, sondern im concreten Falle nach dem besonderen Inhalte des besonderen Vertrags sich regelt. Uebrigens wird die Dinglichkeit nicht durch den Vertrag begründet, sondern sie entsteht erst mit der Uebergabe der Sache[2]). Der bloße Vertrag ohne Uebergabe der Sache begründet lediglich ein persönliches Recht des Miethers zur Sache, welches ausschließlich gegen den Vermiether wirksam ist.

[1]) A. L.-R. I 21. §§ 2—5.
[2]) §§ 2—5 a. a. O.

IV. Der Vertrag, durch welchen die Miethe begründet wird, ist ein sogenannter Consensualvertrag. Er kommt zu Stande durch die Willensübereinstimmung der Parteien über die Sache, über den Preis[1]) und über die Dauer des Miethsverhältnisses. Nicht erforderlich, wiewohl nicht ausgeschlossen, ist eine besondere Willenseinigung über die Art und den Umfang des gewährten Gebrauches; im Zweifel gilt der gemeine Gebrauch, welchen die Sache zu bieten vermag, als gewährt.[2]) Hinsichtlich der Dauer der Nutzungsperiode muß bei dem durch Uebergabe nicht vollzogenen Miethsvertrage die Gebrauchsperiode irgend wie bestimmt sein; bei erfolgter Uebergabe gelten die gesetzlichen Bestimmungen (Erk. d. Ob.-Trib. v. 24. April 1849).

[1]) § 258 a. a. O.
[2]) §§ 270. 271 a. a. O.

V. Der Miethsvertrag muß schriftlich abgeschlossen werden, wenn der Betrag des Miethszinses für ein Jahr sich auf 150 Mark oder darüber beläuft.[1]) Ist ein derartiger Vertrag dennoch nur mündlich abgeschlossen

worden und durch die Uebergabe der Sache thatsächlich voll=
zogen, so gilt er nur für ein Jahr, für dieses eine Jahr aber
mit denselben Wirkungen, als wäre er ein schriftlicher.²)

¹) §§ 267. 268 a a. O.
²) § 269 a. a. O. Erk. d. Ob.-Trib. v. 19. Juni 1874.

Die schriftlich abgeschlossenen Miethsverträge
unterliegen einer Stempelung, falls der Miethszins
150 Mark oder darüber beträgt. Maßgebend für den Betrag der erforderlichen Stempels ist die Gesammtsumme des
Miethszinses für die ganze Dauer der Miethszeit. Der
Stempel beläuft sich für je 150 Mark des also berechneten
Miethszinses auf je 0,50 Mark. Auch das Nebenexemplar
des Vermiethers unterliegt einem Stempelbelege, und zwar in
Höhe von 1,50 Mark, es sei denn, daß der Hauptstempel
selbst weniger beträgt, in welchem Falle der Betrag des
Hauptstempels auch auf dem Nebenexemplar zur Verwendung
zu kommen hat. Der Betrag des auf dem Hauptexemplar
verwandten Stempels ist auf dem Nebenexemplare stets an-
zugeben. Enthalten Miethsverträge die Bedingung, daß die
Miethe stillschweigend auf gewisse Zeit für verlängert angesehen
werden soll, wenn innerhalb eines gewissen Termins nicht
gekündigt wird, so sind die Verlängerungen, welche hiernach
wirklich eintreten, den schriftlichen gleich zu achten, der Stempel
ist jedoch nur zum Hauptexemplar beizubringen (§ 6°
St.-G. v. 7. März 1822; Fin.-Rescr. v. 31. März 1857).
Ist nun durch Unterbleiben der Aufkündigung die Vertrags=
verlängerung eingetreten, so beginnt die Frist zur Verwendung des Stempels von dem spätesten Zeitpunkte der
Aufkündigung ab. Eine spätere Stempelverwendung —
namentlich innerhalb der 14tägigen Kassirungsfrist vom
Beginn der anderweitigen Miethsdauer ab — hat
die Stempelstrafe zur Folge. (Erk. d. Kammerger. v. 25. März
1886.) Uebrigens sind Miethsverträge, welche bloß auf Kün=
digung oder überhaupt auf unbestimmte Zeit geschlossen werden,
bei der Stempelberechnung so anzusehen, als ob sie für nicht=
ländliche Gegenstände auf ein Jahr geschlossen wären. Der
Eintritt in einen Miethsvertrag unter Entlassung des früheren
Miethers ist nicht als Cession, sondern als ein neuer
Miethsvertrag zu versteuern (Erk. d. Ob.-Trib. v. 7. Oktober
1869). Aftermiethsverträge werden wie Miethsverträge
überhaupt besteuert.

Ein Vertrag über **gemeinschaftliche Benutzung** eines **Bahnhofes** ist nicht als Societätsvertrag anzusehen, unterliegt vielmehr als **Miethsvertrag** der Stempelabgabe von ⅓ Pzt. (Rescr. v. 13. Mai 1882). Ein Vertrag, durch welchen einer **Pferdeeisenbahn-Gesellschaft** das Recht zur Benutzung von Straßen gegen Entgelt eingeräumt wird, ist als **Miethsvertrag** zu verstempeln (Erk. d. Reichsg. v. 7. Juli 1884 u. 17. Sept. 1885).

Uebrigens gehören zu den dem Miethszinse behufs Berechnung des Stempels hinzuzurechnenden Leistungen die vom Miether übernommenen Reparaturen und die von ihm übernommene Straßenreinigung (J. M. Rescr. v. 9. Jan. 1864).

Stempelhinterziehungen werden mit dem vierfachen Betrage des hinterzogenen Stempels an jedem der Vertragsschließer geahndet.

VI. **Gegenstand des Miethsvertrages** ist die Sache selbst, welche benutzt werden soll, nicht ihr Gebrauchswerth; die Sache selbst wird um ihres Gebrauches willen ge- und vermiethet, und daher muß die Sache eine bestimmte sein, wie beim Kaufe.

VII. Was den **Preis** d. h. die Gegenleistung für den Gebrauch anlangt, welchen der Miether dem Vermiether gewährt, so ist zu betonen, daß er ein genau bestimmter sein muß; event. gilt als vereinbart der durch Sachverständige festzusetzende angemessene Betrag. Man nennt ihn **Miethszins**. Im gewöhnlichen Leben wird er meist schlechtweg als die Miethe bezeichnet.

Wird statt des Pachtzinses eine an sich bestimmte Quantität von Früchten gegeben, so ändert dies nichts in der Natur des Geschäftes. Ist dagegen, statt des Pachtzinses, ein gewisser und im Verhältniß gegen das Ganze bestimmter Antheil (pars quota) von Früchten vorbedungen worden, so ist ein solches Geschäft zwar übrigens nach den Regeln des Pachtvertrages zu beurtheilen, es finden aber wegen der Vertheilung der Früchte zwischen dem Pächter und Verpächter die Regeln des Gesellschaftsvertrages Anwendung (§§ 58 ff., I. 11 A. L.-R.).

Der Einwand der Verletzung über die Hälfte ist bei Miethszinsstreitigkeiten nicht anwendbar. (Erk. d. Ob.-Trib. v. 29. Sept. 1862 u. 4. Sept. 1868.) Bezüglich des **Ortes**, wo die Zahlung des Miethszinses zu erfolgen hat, so muß dieselbe mangels Abrede in der Wohnung des Berechtigten zur Zeit des abgeschlossenen Vertrages geleistet werden; will der Vermiether eine Abweichung hiervon machen, so muß er im Vertrage hierüber besondere Verabredung treffen. (Erk. d. Ob.-Trib. v. 17. Juni 1859.) Die Vertragsbestimmung, daß die Miethe in der jedesmaligen Wohnung des Vermiethers zu zahlen ist, muß dahin ausgelegt werden, daß die Parteien als selbstredend angenommen haben, daß bei Verlegung des Wohnorts des Vermiethers die Miethe am **ersten Wohnort** desselben zu zahlen ist.

Zweites Kapitel.
Wirkungen des Miethsvertrages.

Erster Abschnitt.
Verbindlichkeiten des Vermiethers.

I. **Die Hauptpflicht des Vermiethers ist, dem Miether den gemeinen Gebrauch der vermietheten Sache während der Dauer des gegenseitigen Miethsverhältnisses beständig zu gewähren.**[1]) Es erscheint selbstredend, daß die Worte „gemeiner Gebrauch" keinen absolut bestimmten Begriff ausdrücken: der gemeine gewöhnliche Gebrauch ist vielmehr etwas durchaus Relatives, in concreto alle Male nach der Individualität, der besonderen und eigenthümlichen Beschaffenheit des betreffenden Einzelfalles Festzustellendes und zu Beurtheilendes. Ferner ist zu bemerken, daß in der Begrenzung des zu gewährenden Gebrauches das Gesetz den Parteien freie Hand läßt: es steht denselben frei, sowohl einerseits gewisse Arten des Gebrauches, welche zu dem gemeinen Gebrauche nicht mehr zu rechnen sind, sondern sich als besonderer, ungewöhnlicher Gebrauch kennzeichnen, als gewährt zu vereinbaren, als auch andrerseits gewisse Arten des Gebrauches, welche als Bestandtheile des gemeinen Gebrauches zu betrachten sind, von dem gewährten Gebrauche ausdrücklich auszuschließen; erst mangels bestimmter Abmachungen hinsichtlich der Art und Ausdehnung des Gebrauches, ist der gemeine Gebrauch in dem oben besprochenen

Sinne als Willensinhalt der Parteien, als vom Vermiether dem Miether gewährt anzusehen.

Bei der durch Zufall eingetretenen Unmöglichkeit der Erfüllung, wie z. B. Zerstörung des gemietheten Gebäudes durch Feuersbrunst, wo also die Leistung des Vermiethens zum gemeingewöhnlichen Gebrauch desselben ausgeschlossen ist, gilt der Miethsvertrag nach § 364, I 5 A. L.=R. für aufgehoben (Erk. d. Ob.=Trib. v. 10. Nov. 1875). Dasselbe gilt, wenn Miether wegen eines zufällig nöthig gewordenen Hauptbaues an einem Hause die Wohnung räumen muß (Erk. d. Ob.=Trib. v. 11. Juli 1837). Ebenso im Falle der Enteignung (Expropriation), wo für den Vermiether Unmöglichkeit der Erfüllung durch unabwendbare Gewalt (§ 364, I 5 A. L.=R.) eintritt. Hier hat letzterer dem Miether das zurückzugeben oder zu vergüten, was ihm in Erwartung der gegenseitigen Erfüllung bereits gegeben oder geleistet ist, also die pränumerando gezahlte Miethe; eine Entschädigung für die Folgezeit hat er nicht zu leisten. Dagegen ist der Unternehmer, auf dessen Antrag und zu dessen Gunsten die Entziehung der fraglichen Rechte erfolgt, nach §§ 6 u. 7 des Enteign.=G. vom 11. Juni 1874 dem Miether für den vollen Ersatz des Schadens verpflichtet, welchen dieser dadurch erleidet, daß ihm die gemiethete Sache vor Ablauf der Miethszeit entzogen wird; insbesondere ist einem Restaurateur der Reinertrag zu ersetzen, welchen er in dem enteigneten Lokale bis zu dem Zeitpunkte erzielt haben würde: wo ihm die Beschaffung eines neuen Lokals möglich wurde (§ 11 d. Enteign.=G. v. 11. Juni 1874; Erk. d. Ob.=Trib. v. 3. Mai 1872 u. d. Reichsg. v. 13. Juli 1882).

[1]) § 270 a. a. O.

II. Das Charakteristische dieser Hauptpflicht des Vermiethers ist, daß sie eine Vorleistung ist, d. h. daß der Vermiether mit Erfüllung der Leistung anzufangen hat, daß die Entstehung der unten behandelten Verbindlichkeiten des Miethers bedingt ist dadurch, daß der Vermiether dieser seiner Verbindlichkeit zuvor genügt hat. Diesen Charakter der Vorleistung behält sie während der ganzen Dauer des Miethsverhältnisses. Der Vermiether muß beständig vorleisten; anderenfalls treten die Gegenpflichten des Miethers gar nicht in Kraft.

III. Der Hauptinhalt der Vorleistung des Vermiethers

liegt darin, daß derselbe den Miether einmal in die thatsächliche Möglichkeit versetze, die Sache zu gebrauchen, sodann aber auch ihn während der ganzen Dauer der Miethszeit in dieser thatsächlichen Möglichkeit erhalte, ihn also gegen kollidirende Ansprüche Dritter schütze.

1. **Das Erstere erfordert, daß der Vermiether dem Miether die Sache überliefere, und zwar in brauchbarem Stande überliefere.**[1])

   [1]) § 272 a. a. O.

   Wenn der Vermiether die Sache dem Miether gar nicht überliefert, so hat der Miether, wie bereits (Kap. I) ausgeführt worden ist, ein gegen den Vermiether verfolgbares sogenanntes persönliches Recht zur Sache, und Vermiether haftet, namentlich auch, wenn er die vertragswidrig vorenthaltene Wohnung anderweit höher vermiethet hat, für den dem ursprünglichen Miether durch die unberechtigte Verweigerung der Wohnung bereiteten Schaden, gleichviel ob er von der anderweiten Vermiethung Gewinn oder Schaden hat (Erk. d. Reichsger. v. 6. Mai 1882).

   Hinsichtlich des brauchbaren Standes gilt dasselbe, was oben über den gemeinen Gebrauch gesagt ist. Es ist den Parteien freigestellt, je nach Belieben ein exorbitant hohes oder aber ein ganz minimales Maß der Brauchbarkeit vertragsmäßig zu stipuliren; es ist ihnen überlassen, den Umfang der Brauchbarkeit genau zu umgrenzen, wie auch ihn gänzlich unbestimmt zu lassen; im letzteren Falle ist die gemeine Brauchbarkeit erforderlich, welche wiederum aus der Individualität des Falles im Einzelnen abzuleiten und festzustellen ist.

   Uebrigens ist die Brauchbarkeit und Unbrauchbarkeit überhaupt in jedem einzelnen Falle nach Maßgabe des Vertrages und der dabei obwaltenden Umstände zu beurtheilen (Erk. d. Ob.-Trib. v. 12. März 1852).

2. Im Anschluß hieran wird die Verbindlichkeit, den Miether während der Dauer der Miethszeit in der soeben näher erörterten thatsächlichen Möglichkeit zu erhalten, dahin zu verstehen sein, daß Vermiether verpflichtet ist, den Besitz und die Brauchbarkeit, d. h. eben die vorauszusetzenden und die ausdrücklich bedungenen Eigenschaften, der Sache ununterbrochen für den Miether nach den

Regeln der Gewährleistung zu vertreten[1]): mit anderen Worten, der Vermiether hat den Miether im Besitz und Gebrauch zu schützen und ihm die Sache in brauchbarem Zustande zu erhalten, insbesondere also die Reparaturen, welche Gebrauch oder Zufall erforderlich machen, zu übernehmen,[2]) nicht aber bauliche Veränderungen vorzunehmen, welche den berechtigten Gebrauch des Miethers schmälern.

Die alsdann gegen den Vermiether geltend zu machende Entschädigung läßt sich nur durch die erweislich geschehene, aber ohne Erfolg gebliebene Aufforderung des Miethers, den kundgegebenen Mängeln abzuhelfen, begründen.

[1]) §§ 317. 318 A. L.-R. I. 5 und § 152 A. L.-R. I. 11.
[2]) § 291 A. L.-R. I. 21.

3. Soweit der Vermiether nicht vorleistet, ist der Miether nachzuleisten nicht verpflichtet, wobei es gleich gilt, ob ersterer nicht leisten wollte oder aber nicht leisten konnte. Dies ergiebt sich aus der mehrfach hervorgehobenen rechtlichen Natur der Verbindlichkeit des Vermiethers.

Zu diesem negativen Nachtheil der wegfallenden Nachleistung tritt fühlbarer der positive Nachtheil der Verpflichtung, dem Miether Schaden und Interesse zu vergüten, insofern nicht bloßer Zufall die Vorleistung verhindert hat.[1])

[1]) §§ 273. 383 a. a. O.

Uebrigens berechtigt jedweder Mangel in der Vorleistung den Miether zum Rücktritt vom Vertrage: er verliert mit diesem Rücktritt den Anspruch auf Vergütung des Interesses, sein Schadenersatzanspruch gegen den Vermiether bleibt jedoch insoweit bestehen, als er den Nachweis eines dem Vermiether zur Last fallenden Vergehens besonders begründet (Erk. d. Ob.-Trib. v. 28. Mai 1875).

4. Haben sich durch einen mündlichen Vertrag die Vertragsschließer zur gegenseitigen Leistung von Handlungen verpflichtet, so zwar, daß die beiderseitigen Handlungen nach dem Vertrage als Leistung und Vergütung, als Vorleistung und Nachleistung zu qualifiziren sind, und nach erfüllter Vorleistung die Nachleistung verweigert, wird, so ist der die Erfüllung verweigernde

Theil, wenn der andere Theil auf die verabredete Art der Erfüllung durch die vertraglich als Gegenleistung bestimmten Handlungen verzichtet, zur Erstattung der Vorleistung in anderer Form, nämlich durch Zahlung, verbunden.

Ein Erkenntniß des Reichsgerichts vom 1. März 1881 hat dies unter folgenden Verhältnissen ausgeführt:

„K. hat von B. durch schriftlichen Vertrag vom 31. Oktober 1872 eine Wohnung für einen jährlichen, in Quartalsraten voraus zu bezahlenden, Miethszins von 6000 Mark auf die Zeit vom 1. November 1872 bis 1. Oktober 1877 gemiethet. Die Wohnung ist in unbrauchbarem Stande übergeben, von K. in Stand gesetzt worden, und haben Parteien als Entgelt für diese Instandsetzung eine Verlängerung des schriftlichen Vertrages auf 5 Jahre, bis 1. Oktober 1882, mündlich vereinbart. Gleichwohl hat B. am 31. März 1877 den Vertrag gekündigt, und K. hat, nach voller Bezahlung des Miethszinses, am 1. Oktober 1877 die Wohnung geräumt. K. fordert klagend von B. Erstattung der Kosten der Instandsetzung und Rückzahlung des Miethszinses für die Dauer dieser Instandsetzung.

Der II. Richter hat, abweichend vom I. Richter, auf Abweisung erkannt, weil in der vorbehaltlosen Fortsetzung der Miethszinszahlung und in der Räumung der Wohnung ein Verzicht des K. auf die dem B. obgelegene Vertragsverlängerung zu erblicken sei.

Das Reichsgericht hat das Urtheil des II. Richters vernichtet: Daß das Abkommen in der behaupteten Art wirklich stattgefunden habe, sei durch 2 einwandfreie Zeugen voll erwiesen; die versuchte Bemängelung der Glaubwürdigkeit des einen Zeugen erscheine verfehlt. Dieses Abkommen qualifizire sich rechtlich als ein selbstständiger Vertrag, wodurch Parteien sich darüber geeinigt haben, in welcher Weise K. für von ihr zu leistende Handlungen Vergütung erhalten solle, und habe dadurch, daß K. es vollständig erfüllt, nach § 165 cit., Gültigkeit trotz der mangelnden Schriftform erlangt. Weigere B. sich, die Vergütung in der vereinbarten Art zu leisten, und als eine solche Weigerung sei die Kündigung vom 31. März 1877 zu charakterisiren, so sei er eventuell, d. h. für den Fall, daß K. die Weigerung dulde, zur Vergütung durch Zahlung verpflichtet, denn das Dulden, wie es in der erfolgten Räumung der Wohnung zum Ausdruck gelange, sei aufzufassen lediglich als ein Verzicht auf die Vergütung in der vertragsmäßigen Form der Verlängerung des Miethskontraktes, keineswegs als ein Verzicht auf die Ansprüche aus der Erfüllung des mündlichen Vertrages überhaupt, welche dem B. zu einer Vermehrung seines Vermögens verholfen habe, für die er in jedem Falle zur Vergütung verbunden sei, wenn nicht durch die mehrerwähnte Verlängerung, so eben durch Erstattung. Die Fortsetzung der Miethszinszahlungen aber sei unerheblich, eine Einstellung derselben hätte K. der Gefahr der Exmissionsklage ausgesetzt. Ein von B. erwähnter Brief des einen Zeugen, in welchem er, angeblich im Auftrage des K., dem B. freigestellt, über die Wohnung zum 1. Oktober 1877 zu verfügen, schließe ebenfalls nicht einen derartig weitgehenden Verzicht des K. in sich, daß B. in jeder Form befreit erscheine; zudem bestreite K. die Ertheilung des Auftrages, und die erforderliche schriftliche Ermächtigung werde von B. selbst nicht behauptet. Auch der Einwand, der mündliche Vertrag sei ungültig, weil er eine Aenderung des schriftlichen Vertrages enthalte, nach welchem Miether verbunden gewesen, erforderlichen Falles die Instandsetzung der Wohnung bewirken zu lassen, erscheine um deswillen hinfällig, weil die Kosten dieser Instandsetzung auch nach dem schriftlichen Vertrage jedenfalls dem Vermiether zur Last fielen; das Gegentheil müßte ausdrücklich bedungen sein.

5. Besondere Bequemlichkeiten oder vorhin nicht gewöhnlich gewesene Nutzungen, ist der Vermiether nur insofern zu gewähren schuldig, als er sich dazu ausdrücklich verpflichtet hat.

6. Der Vermiether kann während der Dauer des Miethsvertrages durch Aufführung neuer Bauten den Miether in dem gemeingewöhnlichen Gebrauch seiner Wohnung nicht beeinträchtigen. (Erk. d. Ob.-Trib. v. 29. Juli 1859). Wenn dem Miether vertragsmäßig untersagt ist, ohne Bewilligung des Vermiethers Veränderungen an der gemietheten Lokalität vorzunehmen,

so ist doch die Tapezirung der Zimmer hierdurch für verboten nicht zu erachten. (Erk. d. Ob.-Trib. v. 26. März 1855).

7. Lautet ein Miethsvertrag dahin, daß Seitens des Miethers bauliche 2c. Veränderungen in der gemietheten Wohnung nur mit Genehmigung des Vermiethers vorgenommen werden dürfen, so muß diese, um gültig zu sein, schriftlich ertheilt werden.

IV. An die Hauptpflicht des Vermiethers knüpfen sich eine Anzahl von Nebenverpflichtungen, welche sämmtlich mehr oder weniger als Folgerungen der ersteren sich darstellen.

1. Der Miether ist, wie wir gesehen haben, nicht verpflichtet, die Sache in brauchbaren Stand zu versetzen; der Mangel des brauchbaren Standes berechtigt ihn vielmehr zur Verweigerung der Nachleistung, zur Forderung von Schadenersatz und alternativ entweder zum Rücktritt oder zur Beanspruchung einer Interessevergütung: wenn jedoch der Miether trotzdem die nicht brauchbare Sache in brauchbaren Stand bringen läßt, so ist der Vermiether verbunden, ihm die darauf nothwendig und nützlich verwandten Instandsetzungskosten zu ersetzen.[1]

[1] § 274 a. a. O.

2. Der Miether ist an sich weder verpflichtet, noch auch nur berechtigt, ohne Genehmigung des Vermiethers Verbesserungen an der Sache vorzunehmen. Thut er es dessenungeachtet, so darf sogar der Vermiether im Allgemeinen Zurücknahme derselben verlangen, und so weit wenigstens es möglich ist, den früheren Zustand wieder herzustellen. Eine Pflicht, dem Miether die darauf verwandten Kosten zu erstatten, waltet grundsätzlich für den Vermiether nicht ob. Als Ausnahme besteht jedoch diese Verbindlichkeit in zwei Fällen.

a) Zum Ersatz der auf Abwehr eines die Substanz der Sache bedrohenden Schadens zweckmäßig seitens des Miethers verwandten Kosten ist der Vermiether stets verbunden, gleichviel ob sie mit oder ohne Genehmigung seinerseits verwandt worden sind.[1]

[1] § 287 a. a. O.

b) Ebenso muß er die Kosten solcher Verbesserungen erstatten, aus denen er bleibenden Vortheil zieht, deren

Naturalzurücknahme aber nach dem oben ausgesprochenen Grundsatz nicht angängig ist.

3. Der Vermiether ist verpflichtet, die sämmtlichen Lasten und Abgaben zu tragen, welche auf der Sache haften. Insbesondere trägt er die Einquatirungslast, weil sie eine Reallast ist.[1]

[1] §§ 288. 289 a. a. O. Vgl. unten Abschn. II zu I.

4. Dem Vermiether liegt die polizeiliche Pflicht der Beleuchtung der Flure und Treppenaufgänge im Hause bei eintretender Dunkelheit ob (Erk. d. R.=G. v. 9. Okt. 1886).

V. An die Stelle des Vermiethers treten im Todesfalle in jeder Beziehung seine Erben. Die sämmtlichen Verbindlichkeiten des Erblassers gehen auf diese über, wie gleicher Weise auch die den Verbindlichkeiten entsprechenden Befugnisse und Ansprüche. Mit anderen Worten: der Tod des Vermiethers berührt nicht das Rechtsverhältniß, er bewirkt nur einen Wechsel in der Person des einen Vertragsschließers.[1]

[1] § 375 a. a. O.

VI. Die im A. L.=R. der Miethe beigelegte dingliche Natur hat des Weiteren dazu geführt, auch unter Lebenden einen Uebergang der Rechte und Pflichten des Vermiethers von der Person des ursprünglichen Vertragsschließers auf andere Personen als zulässig zu statuiren. Mit anderen Worten: das Rechtsverhältniß des Vermiethers ist nach Preußischem Recht cessibel, d. h. übertragbar unter Lebenden.[1]

[1] § 358 a. a. O.

Diese Uebertragbarkeit ist jedoch keine absolute; sie ist an gewisse Voraussetzungen geknüpft.

Einmal ist es nicht angängig, das in Rede stehende Rechtsverhältniß allein, losgelöst von der Sache, zu veräußern: ich kann nicht meine Vermietherrechte und Pflichten einem Anderen abtreten und doch Eigenthümer der Sache bleiben; ich kann nicht in die Stelle eines Anderen als Vermiether treten, ohne gleichzeitig Eigenthümer der Sache zu werden. Mit der Sache aber geht auch dieses Verhältniß auf andere Personen über: ein neuer Erwerber der Sache übernimmt die betreffenden Verbindlichkeiten und erwirbt die correspondirenden Rechte. Mit anderen Worten: der Verkauf der Sache ändert nicht das Rechtsverhältniß, er bewirkt nur einen Wechsel in der Person des einen Vertragsschließers. Wie bereits gesagt, ergiebt sich dies logisch aus der Dinglichkeit der Miethe, und hieraus folgt eine zweite Einschränkung für die Gültigkeit des entwickelten Rechtssatzes. Das Verhältniß muß nämlich zur Zeit des Eigenthumsüberganges bereits ein dingliches sein, um mit auf den neuen Eigenthümer der Sache überzugehen; es muß also die Sache bereits dem Miether übergeben, der Vertrag bereits durch die That vollzogen sein. Anderen Falles, wenn also die vermiethete Sache noch nicht dem Miether übergeben war, tritt der Miether zu dem neuen Eigenthümer überhaupt in kein Verhältniß, derselbe ist an sich, d. h. nur auf Grund des zwischen zwei anderen Personen abgeschlossenen Miethsvertrages, nicht verpflichtet, die von ihm erworbene Sache dem Miether zu übergeben, letzterer kann die Uebergabe nicht verlangen. Hier gilt das, im Allgemeinen für das Preußische Recht nicht zutreffende, alte Rechtssprichwort: „Kauf bricht Miethe." Der Miether hat aus dem bloßen Vertrag lediglich Ansprüche an seinen Vermiether: er darf vom Vertrage zurücktreten oder aber er kann seinen Vertragsschließer gerichtlich zum Schadensersatz anhalten.[1])

Uebrigens ist nach dem freiwilligen Verkauf der vermietheten Sache der Vermiether (Verkäufer) ohne Zustimmung des Käufers nicht mehr zur Kündigung befugt. (Erk. d. Ob.-Trib. v. 20. März 1857).

[1]) §§ 359. 361 a. a. O.

Sind nun aber die beiden Voraussetzungen für den Uebergang des Verhältnisses vorhanden, geht also dasselbe wirklich in andere Hände über, tritt wirklich ein neuer Eigenthümer als neuer Vermiether ein, so zeigt sich der wesentlich obligatorische Charakter der Miethe doch wieder darin, daß, wenn auch für den Nachfolger alle Verbindlichkeiten des Vermiethers bestehen, auf der anderen Seite trotzdem die Verbindlichkeiten des Verkäufers dem Miether gegenüber nicht erlöschen: der ursprüngliche Vermiether, derjenige, mit welchem der Vertrag s. Z. abgeschlossen worden ist, bleibt dem Miether haftbar, wenn auch die Person des Vermiethers inzwischen noch so oft mag gewechselt haben.

Inwieweit für den Fall einer nothwendigen gerichtlichen Veräußerung der Sache anderweite Rechtsregeln Platz greifen, wird später erörtert werden.

Zweiter Abschnitt.
Verbindlichkeiten des Miethers.

I. Die Hauptpflicht des Miethers entspricht der Hauptpflicht des Vermiethers; sie besteht in der Entrichtung des vollen Miethszinses an den Vermiether[1]); sie ist aufzufassen als Nachleistung für empfangene Vorleistung.

[1]) § 258 a. a. O.

Aus diesem ihren Wesen als Nachleistung würde eigentlich folgen, daß der Zins fällig würde, wenn die Vorleistung beendet ist, d. h. wenn die Miethszeit abgelaufen, somit das ganze gegenseitige Rechtsverhältniß gelöst ist. Das Preußische Recht setzt jedoch periodische Fälligkeitstermine während der Dauer der Miethszeit fest, welche allerdings erst für den Fall die maßgebenden sind, daß die Vertragsschließer über die Modalitäten der Zahlung nicht abweichende Bestimmungen besonders vereinbart haben. Mangels besonderer Abrede ist der Miethszins für monatsweise gemiethete Räumlichkeiten allmonatlich[1]), sonst vierteljährlich[2]) postnumerando zu entrichten.

[1]) Verordnung vom 9. Januar 1812.
[2]) § 297 A. L.-R. I. 21.

Auch in dem Falle, wenn verabredet ist, daß die Miethe pränumerando zu zahlen sei, tritt die Zahlungspflicht erst nach der bewirkten Uebergabe ein, welcher sie allerdings alsdann in der Zeit unmittelbar nachfolgt (Erk. d. Ob.-Trib. v. 2. Februar 1874); denn das Wesen der Zinszahlung ist Nachleistung, d. h. Gegenleistung für eine andere vorher empfangene Leistung, und hat zur Folge, daß das Entstehen der Verbindlichkeit zur Zahlung des Miethszinses bedingt ist durch die Vorleistung, daß diese Verbindlichkeit nur soweit entsteht, als vorgeleistet worden ist, also gar nicht, wenn überhaupt nicht, nur theilweis, wenn nur zum Theil ist vorgeleistet worden. Dies ist bereits im vorigen Abschnitte hervorgehoben worden, wo die Natur der Vorleistung näher erörtert wurde; dort sind auch die Nachtheile erwähnt, welche noch neben dem Wegfalle der Nachleistungspflicht des Miethers den Vermiether als Folge der unterbleibenden Vorleistung treffen. Hier ist nunmehr noch die concrete Präcisirung wiederzugeben, welche das positive Recht diesem Grundsatze hat zu Theil werden lassen, und welche eine gewisse Einschränkung seiner Geltung enthält. Nicht jeder Mangel in der Vorleistung berechtigt nach preußischem Recht den Miether zu einem verhältnißmäßigen Abzuge vom Miethszinse: der betreffende Mangel muß von einer gewissen Erheblichkeit sein, er muß zum Mindesten einen Monat währen.[1]) Selbstredend ist es übrigens, daß eigenes Verschulden des Miethers niemals als mangelhafte Vorleistung des Vermiethers aufgefaßt werden darf, ebenso wenig wie Zufälligkeiten, welche sich in der Person des Miethers ereignen. Wird der Miether durch Ursachen der letzt erwähnten Art im Gebrauche der gemietheten Sache beeinträchtigt oder selbst gänzlich an demselben verhindert, so hat er demohngeachtet den vollen Betrag des Miethszinses an den Vermiether zu entrichten. Im übrigen sei auch hier noch einmal das ebenfalls bereits im vorigen Abschnitt ausgesprochene Princip wiederholt, daß es gleich wiegt, ob Vermiether nicht vorleisten wollte oder aber nicht konnte; Zufall und Schuld bedingen hier keine unterschiedliche Behandlung, wenn nur eben der Zufall nicht auf die Person des Miethers zurückzuführen ist. Als Beispiel führen wir die **Einquatirungslast** an: hat der Miether die gemietheten Räume ganz oder theilweis der Einquartirung für länger als einen Monat zur Verfügung stellen müssen, so tritt, um die Worte des A. L.-R. zu gebrauchen, ein verhältnißmäßiger Erlaß am Miethszinse ein; von einem Verschulden des Vermiethers wird hier wohl in der überwiegenden Mehrzahl der Fälle nicht die Rede sein können.

[1]) § 299 a. a. O.

Als Abweichung ist ein anderer Fall zu bezeichnen, in welchem das A. L.-R. den Miether von der Verpflichtung befreit, den Miethszins an den Vermiether zu zahlen. Wenn zu Kriegszeiten die Zahlung des fälligen Miethszinses dem Miether durch Gewalt oder Drohungen vom Feinde abgedrungen worden ist, so wird er damit seiner Verbindlichkeit gegen den Vermiether ledig, vorausgesetzt daß er zur Zeit der Nöthigung sich mit der Zahlung dem Vermiether gegenüber nicht im Rückstande befunden hat.[1]) Ein in der Rechtsconsequenz liegender Grund für diese Singularität ist nicht wohl abzusehen, sie dürfte auf Billigkeitsrücksichten zurückzuführen und von den Verfassern des A. L.-R. irgend welchen statutarischen Rechtsbestimmungen entnommen sein. Die

Rechtsregel scheint nicht besonders klar in ihrem Inhalte: es möchte unter Umständen schwer sein, Gründe anzuführen, warum eine vom Feinde erpreßte Zahlung gerade als Zahlung fälligen Miethszinses zu betrachten sei.
¹) §§ 381. 382 a. a. O.

II. **Es liegt dem Miether ob, auf die Substanz der gemietheten Sache wohl Acht zu geben, damit sie gut erhalten und, soweit angängig, in brauchbarem Zustande bleibe.** Er hat nicht die Sache erworben, nur deren Gebrauch, und auch diesen nur auf Zeit. Wie der Vermiether ihm den brauchbaren Stand zu gewährleisten und zu vertreten hat, so umgekehrt er dem Vermiether die Unversehrtheit der Substanz. Wie der Vermiether für diejenigen Reparaturen einzustehen hat, welche Gebrauch oder Zufall erforderlich machen, so der Miether für diejenigen, bei welchen dies nicht der Fall ist.

1. Pflicht des Miethers ist es, dem Vermiether von der Nothwendigkeit der Reparaturen Anzeige zu machen und ihn dazu aufzufordern, dieselbe zu bewirken. Ist einer solchen Aufforderung, den ihm kund gewordenen Mängeln abzuhelfen, von Seiten des Vermiethers erweislich wiederholtermaßen nicht nachgekommen worden, so begründet sich dadurch das Recht des Miethers, denselben wegen Entschädigung resp. Erstattung der selbst bewirkten Aufwendung von Kosten in Anspruch zu nehmen.

Bezieht aber der Miether einer zu reparirenden Wohnung dieselbe vor der Ausführung der Reparatur und wird diese sodann vorgenommen, so kann er daraus nicht ohne Weiteres ein Recht auf Miethsgelderlaß für die Zeit herleiten, während welcher er durch die Ausbesserung an der Benutzung der Miethsräume gehindert worden (Erk. d. Reichsg. v. 1. März 1881).

Bei Miethsverträgen unterliegen der kürzeren Verjährungsfrist nur diejenigen Ansprüche, welche außerhalb der von der Anstellung der gerichtlichen Klage zurückzurechnenden Frist fallen. (Erk. d. Ob.-Trib. v. 5. November 1846).

Im Einzelnen ist Folgendes zu bemerken.

Beschädigungen, welche der erlaubte Gebrauch herbeiführt, vertritt der Miether selbstredend nicht: die Abhilfe gegen die gewöhnliche, die natürliche Abnutzung ist, wie bereits ausgeführt, Sache des Vermiethers. Beschädigungen, welche ihren Grund in einer vertragswidrigen Benutzung der gemietheten Sache haben, hat allemal der Miether zu vertreten.[1])

[1]) § 279 a. a. O.

Anderweite im Laufe der Miethszeit verfallende Beschädigungen, welche weder auf die unvermeidliche Abnutzung, noch auch auf ein vertragswidriges Gebahren seinerseits zurückzuführen sind, hat der Miether im Allgemeinen gleichfalls zu vertreten; nur ist ein mindestens mäßiges Verschulden Voraussetzung dieser seiner Verbindlichkeit;[1]) trifft ihn nur leichtes Versehen oder ist der Zufall oder höhere Gewalt, wie z. B. Hagelschlag der ursächliche Factor, so bleibt er von jeder Haftbarkeit frei, und die Last fällt wieder dem Vermiether zu.

[1]) § 278 a. a. O.

III. Der Miether ist verpflichtet, die gemiethete Sache unmittelbar nach dem Ablauf der Miethszeit dem Vermiether zurückzugeben, oder, in dem von uns ausschließlich behandelten besonderen Falle, die gemietheten Räumlichkeiten zu räumen und dem Vermiether zur Verfügung zu stellen. Nähere Bestimmungen über Räumungsfristen zu treffen, ist den Ortspolizeibehörden anheimgestellt. Verzögert der Miether die Räumung, so gilt er vor dem Gesetz vom Tage des Verzuges ab als Verwalter fremder Sachen, vom Tage eines ihm zugekommenen etwaigen Widerspruchs des Vermiethers als unredlicher Besitzer.[1]) Dagegen darf Vermiether den Miether zur Räumung der Wohnung nicht dadurch nöthigen, daß er Stubenthüren und Fenster aushebt oder in sonstiger Weise die Wohnung unbrauchbar macht, selbst wenn Miether zur Räumung verpflichtet war, widrigenfalls er wegen widerrechtlicher Nöthigung aus § 240 R.-St.-G.-B.'s strafbar wird (Erk. d. Reichsger. v. 1. Dez. 1882 und 14./15. Juni 1883).

[1]) §§ 332. 333. a. a. O.

IV. Inwieweit der Tod des Miethers das Rechtsverhältniß berührt, wird an anderer Stelle eingehender erörtert werden; hier heben wir nur hervor den möglichen Fall, daß die Erben das Verhältniß fortsetzen; eine gewisse Zeit sind sie übrigens stets verbunden, es fortzusetzen; so lange sie es aber fortsetzen, gehen alle Befugnisse und Verbindlichkeiten des ursprünglichen Miethers auf sie über.

V. Ist das Rechtsverhältniß des Miethers cessibel? Darf der Miether seine Rechte und Pflichten ganz oder theilweis auf Andere übertragen? Möglich ist es, jedoch, ähnlich wie bei der Uebertragung des Verhältnisses des Vermiethers, nicht unbedingt zulässig. Zudem hat die Uebertragung des Miethersverhältnisses unter Lebenden rechtliche Wirkungen zur Folge, welche, bei aller Aehnlichkeit mit den correspondirenden Rechtregeln hinsichtlich des Vermietherverhältnisses, doch wieder so eigenartiger und dabei bestrittener Natur sind, daß diese Frage als ein selbstständiges Rechtsinstitut höchst streitbaren Characters erscheint. Es bleibe hier der Fall der unentgeltlichen Aufnahme Anderer, was durchaus zulässig ist, der Fall der bloßen Aufnahme Fremder gegen Entgelt, was dagegen nach § 310 a. a. O. ohne Consens des Vermiethers nicht gestattet ist, als praktisch von minderer Bedeutung, unerörtert und lediglich die Frage des directen Weitervermiethens gemietheter Wohnungen seitens des Miethers, die Frage der sogenannten Aftermiethe, zu beantworten:

a) Der Miether darf die gemiethete Wohnung, sei es ganz, sei es theilweis, nur mit Genehmigung des Vermiethers weiter vermiethen.[1]) Der Vermiether hinwiederum darf die Genehmigung nur versagen, wenn der in Aussicht genommene Aftermiether ein unehrbares oder ein der Wohnung schädliches Gewerbe betreibt.[2]) Versagt der Vermiether die Genehmigung zur Aftervermiethung, ohne daß einer der beiden angegebenen Gründe vorliegt, so hat der Miether das Recht, das Miethsverhältniß vor Ablauf der vertragsmäßigen Zeit in den ersten 3 Tagen des Quartals, mit dessen Ablauf der Besitz zu räumen ist (Erk. d. Ob.-Trib. v. 28. Nov. 1856), zu kündigen.[3]) Diese letztere Befugniß fällt jedoch fort, wenn im Miethsvertrag ausgemacht ist, daß das Miethsrecht überhaupt keinem Anderen abgetreten werden darf.

Uebrigens kann der Vermiether nicht in dem späteren Prozesse mit dem Miether noch Gründe für die Verweigerung seiner Einwilligung geltend machen (Erk. d. Ob.-Trib. v. 11. Oktober 1872).

[1]) § 309 a. a. O.
[2]) § 311 a. a. O.
[3]) § 312 a. a. O.

Es ist nun zunächst festzuhalten, daß trotz des anscheinend widersprechenden Wortlautes der direct hierauf bezüglichen gesetzlichen Bestimmung, wenn man den Gesammtinhalt der 3 Rechtsregeln in ihrer Beziehung zu einander in ihrem inneren, sachlichen Zusammenhange ins Auge faßt, es keinem Zweifel unterliegt, daß der Vermiether ohne jede Einschränkung das Recht oder vielmehr die Macht hat, dem Miether jedwede Aftervermiethung, ohne Angabe von Gründen, wirksam zu untersagen. Es ist durch die Rechtsprechung der höchsten Instanz zweifellos festgestellt, daß die Genehmigung des Vermiethers wesentlich für die Aftervermiethung ist, welche ohne dieselbe dem Vermiether gegenüber vor dem Rechte keinen Bestand hat. Der Vermiether kann jede von ihm nicht genehmigte Aftervermiethung dadurch anfechten, daß er gegen den Untermiether klagend die Exmission desselben beantragt. Ob die Genehmigung an eine bestimmte Form gebunden sei, darüber ist viel polemisirt worden. Die ziemlich konstante Rechtsprechung des höchsten Gerichtshofes geht dahin, daß eine generelle Genehmigung schriftlich sein müsse, eine specielle jedoch gar keiner bestimmten Form bedürfe, ja sogar durch Handlungen, welche gesetzlich eine stillschweigende Einwilligung involviren, ertheilt werden könne. Dem völlig unbeschränkten Versagungsrecht der Aftervermiethung auf Seiten des Vermiethers entspricht auf Seiten des Miethers ein Kündigungsrecht für den Fall der nicht begründeten Verhinderung, als unbegründet gilt aber die Verhinderung in den oben angeführten beiden Fällen. Ob der Miether, wenn er sich vertragsmäßig des Aftervermiethungsrechtes begeben hat, wenn er sich verpflichtet hat, überhaupt nicht weiter zu vermiethen, damit auch dieses eventuelle Kündigungsrecht aufgegeben habe, ist streitig.

Das Recht des Miethers ist ein an seine Person geknüpftes, von ihm nicht willkürlich an Dritte übertragbares Recht und kann deshalb auch von den Gläubigern des in Konkurs verfallenen Miethers nicht als Aktivum zur Masse gezogen werden. Deshalb und weil ein Vermiether, der mit dem Kridar erst nach der Konkurseröffnung kontrahirt, nicht zu den Konkursgläubigern gehört, ist der Gemeinschuldner berechtigt, ohne Beitritt der Gläubigerschaft eine Klage auf Erfüllung des von ihm nach der Konkurseröffnung abgeschlossenen Miethsvertrages anzustellen (Erk. d. Ob.-Trib. v. 21. Juni 1861 u. 11. Mai 1869).

Die Einwilligung des Vermiethers zu Aftervermiethungen überhaupt muß schriftlich ertheilt werden, es sei denn, daß sich dieselbe nach abgeschlossenem schriftlichem Vertrage nur auf eine einzelne bestimmte Person bezieht, wo dann auch eine mündliche Einwilligung genügt (Präj. d. Ob.-Trib. v. 9. Juni 1848 u. 29. April 1853 u. d. Reichsger. v. 25. Nov. 1879). — Die neben einem schriftlichen Aftermiethsvertrag getroffene mündliche Verabredung, nach welcher der Aftermiether sich verpflichtet, die Einwilligung des Hauseigenthümers seinerseits zu beschaffen, ist nicht für eine Nebenabrede, sondern für eine in die Nothwendigkeit des Geschäfts eingreifende Bedingung zu erachten, von deren Erfüllung die bindende Kraft des schriftlichen Vertrages abhängt (Erk. d. Ob.-Trib. v. 30. Sept. 1853).

Die Bestimmung aber in einem schriftlichen Miethsvertrage, daß Aftervermiethungen nur nach **schriftlich** ertheilter Genehmigung des Vermiethers stattfinden dürfen, kann durch entgegengesetzte **mündliche** Nebenabreden mit den Vorbesitzern zum **Nachtheile des Erwerbers** des Miethsgrundstückes nicht beseitigt werden (Erk. d. Ob.-Trib. v. 27. Nov. 1874).

b) Eine vom Vermiether gestattete **Aftervermiethung berührt das Rechtsverhältniß zwischen dem Vermiether und dem Hauptmiether gar nicht,** sie ändert also insbesondere, was wesentlich ist, nichts in den Verbindlichkeiten des Hauptmiethers gegenüber dem Vermiether.[1]) Der Hauptmiether haftet daher, ungeachtet der Aftervermiethung, dem Vermiether für den vollen Betrag des Miethszinses und für die substantielle Unversehrtheit der ganzen Sache, und es bewirkt dabei keinen Unterschied, ob er die ganzen Räumlichkeiten oder nur einen Theil derselben weiter vermiethet hat. Diese Haftbarkeit des Hauptmiethers erstreckt sich sogar bis auf die Erfüllung von Nebenverträgen; das Ober-Tribunal hat am 29. Mai 1865 erkannt, daß die

Erben eines Pächters, welche in das Pachtverhältniß eingetreten waren, jedoch die ganze Pachtsache in Unterpacht gegeben hatten, dem Verpächter für die Erfüllung eines Nebenvertrages verantwortlich seien: es muß dies ebenso von der Miethe gelten, denn der maßgebende § 316 A. L.-R. I. 21 spricht von Miethe und Pacht.

[1]) § 316 a. a. O.

c) Das Rechtsverhältniß zwischen Hauptmiether und Untermiether ist ein besonderes Miethsverhältniß für sich, welches, unter Berücksichtigung der allgemeinen gesetzlichen Vorschriften über die Miethe, im Einzelnen sich, wie jedes andere Miethsverhältniß, nach dem Vertrage, dem sogenannten Aftervertrage näher regelt.[1]) Hauptmiether und Untermiether stehen sich auf dem Boden ihres Vertrages durchaus als Vermiether und Miether mit den entsprechenden Verbindlichkeiten und Befugnissen gegenüber. Der Aftervertrag bindet sie als vollgültiger Miethsvertrag unbeschadet der Genehmigung oder Nichtgenehmigung des Hauptvermiethers, welche für den Rechtsbestand des Untervertrages gleichgültig ist. Kann der Hauptmiether wegen Nicht-Genehmigung des Hauptvermiethers irgend nicht vorleisten, so treffen ihn, in seinem Verhältniß zum Aftermiether, alle Nachtheile eines nicht vorleistenden Vermiethers.

[1]) § 323 a. a. O.

d) Ein eigenartiges ist das Rechtsverhältniß zwischen Aftermiether und Hauptvermiether. Daß Vermiether, bei Nicht-Genehmigung der Aftermiethe, unmittelbar gegen den Untermiether die Exmissionsklage hat, ist bereits erwähnt.[1]) Bei gestatteter Aftermiethe entsteht unmittelbar zwischen beiden, die doch keinen Vertrag mit einander geschlossen haben, eine Art obligatorischen Verhältnisses, indem der Aftermiether für von ihm herrührende Beschädigungen der Wohnung, unbeschadet der Haftpflicht des Hauptmiethers, nach Maßgabe der betreffenden Rechtsregeln dem Vermiether unmittelbar haftet.[2]) Sonstige Rechte gegen den Aftermiether hat der Vermiether nicht, insbesondere keinen, auch keinen subsidiären, Anspruch auf dessen Miethszins,[3]) welchen er, wenn er wegen des vom Hauptmiether ihm geschuldeten Zinses sich daran halten will, höchstens im

Wege des gerichtlichen Arrestes geltend machen kann. Ob aber der Vermiether ein Pfand- und Zurückbehaltungsrecht an den Effecten und Mobilien des Aftermiethers habe, ist sehr streitig. Das Ober-Tribunal erkannte unterm 13. Juni 1836, daß der Vermiether auf die Effecten und Mobilien des Aftermiethers wegen des Miethszinses, den ihm der Miether schuldig geworden oder wegen anderer Forderungen an denselben kein Pfandrecht, also auch kein Zurückbehaltungsrecht gegen dieselben habe.

[1] § 315 a. a. O.
[2] § 317 a. a. O.
[3] § 318 a. a. O.

e) Die Aftermiethe erlischt spätestens gleichzeitig mit der Hauptmiethe.[1] Ist jedoch der Vermiether einem zwischen Haupt- und Untermiether auf längere Zeit abgeschlossenen Vertrage ausdrücklich beigetreten, so tritt, nach den Worten des Gesetzes, bei Ablauf der Zeit des Hauptmiethers, der Untermiether an dessen Stelle gegenüber dem Vermiether.[2] Es sind hier Zweifel entstanden, welcher Vertrag in diesem Falle für die Restzeit der maßgebende sei, ob der Haupt- oder der Aftervertrag. Das Ober-Tribunal hat am 6. Februar 1863 erkannt, daß vom Austritte des Hauptmiethers ab der Hauptvertrag erledigt sei und der Aftervertrag die in dem Verhältniß Zurückbleibenden verpflichte, somit nicht sowohl der Aftermiether an die Stelle des Hauptmiethers gegenüber dem Vermiether trete, als vielmehr der Vermiether an die Stelle des Hauptmiethers gegenüber dem Aftermiether.

[1] § 321 a. a. O.
[2] § 322 a. a. O.

f) Das unentgeltliche Aufnehmen anderer Personen ist zulässig, deren Aufnahme gegen Entgelt dagegen den Rechtsregeln über die Aftermiethe unterworfen.

VI. Das Vermiethen einzelner möblirter Zimmer unterliegt der Gewerbesteuer nicht, wohl aber die der Gastwirthschaft gleicherachtete Einrichtung der „chambres garnies." Das Vermiethen von nur zwei möblirten Zimmern selbst bei gewerbsmäßigem Betrieb soll steuerfrei bleiben; ebenso das Vermiethen von Zimmern an

Badegäste in Bade- und Brunnenorten, dagegen ist das Vermiethen von drei oder mehr heizbaren Zimmern gewerbesteuerpflichtig, vorausgesetzt, daß diese Vermiethung überdies gewerbsweise geschieht, auch wenn es sich nicht um den Betrieb eines „Hôtel garni" handelt. Der Begriff der Gewerbsmäßigkeit ist gegeben, sobald eine fortgesetzte, auf Erreichung eines Vermögensgewinns gerichtete Thätigkeit vorhanden ist. Die Eigenschaft des Hauswirthes schließt nicht die Gewerbsmäßigkeit des Vermiethers aus. (§ 49 Anw. v. 20. Mai 1876; § 9b G. v. 30. Mai 1820; § 16 G. v. 19. Juli 1861; Erk. d. Kammerg. v. 27. August 1880; Ob.-Trib. v. 4. Sept. 1879 u. Reichsg. v. 12. Jan. 1880.)

Ueber die Gewerbesteuercontravention hinsichtlich des Vermiethens möblirter Zimmer entschied das Kammergericht vom 27. August 1880:

„A. hat 3 möblirte Zimmer an einzelne Herren vermiethet, aber der Kommunalbehörde von diesem Gewerbebetrieb keine Anzeige gemacht. Sie wendete ein und das Schöffengericht trat ihr darin bei, 1. das betreffende Haus sei schon zur Gebäudesteuer herangezogen, und könnten deshalb die einzelnen Z. nicht nochmals besteuert werden. 2. A. betreibt das Anstreichergewerbe und zahle dafür Gewerbesteuer. 3. § 9b Gesetz vom 30. Mai 1820 und § 16 Gesetz vom 19. Juni 1861 beziehe sich nur auf die den Gastwirthen gleichgestellte Einrichtung der „chambres garnies", nicht aber auf jedes Vermiethen einzelner möblirter Zimmer. 4. A. sei stets in bona fide gewesen. Die Strafkammer des L. G. Cöln erkannte am 3. Mai 1880 für schuldig, ausführend: Zu 1. Gewerbesteuer stehe mit der Gebäudesteuer in keinem Zusammenhang. Zu 2. Dies hindere nicht, daß ein Gleiches von einem andern Gewerbe geschehe: es komme nur darauf an, ob das Vermiethen gewerbsmäßig geschehe. Der Begriff der Gewerbsmäßigkeit sei gegeben, sobald eine fortgesetzte, auf Erreichung eines Vermögensgewinnes gerichtete Thätigkeit vorhanden sei. Dies treffe hier zu, da A. eine über ihr eigenes Bedürfniß hinausgehende Zahl von Wohnungsräumen durch Miethe zum Zweck der fortgesetzten Gewinnerzielung aus den von ihr selbst nicht benutzten Räumen sich beschafft habe.

Zu 3. Das gewerbsmäßige Vermiethen möblirter Zimmer sei nicht in dem engern Sinn der chambres garnies des

Gesetzes vom 30. Mai 1820 aufzufassen. „Wenn auch nach diesem Gesetz es zweifelhaft sein könnte, ob das Vermiethen möblirter Zimmer ganz allgemein und ohne Rücksicht auf die Möglichkeit eines hiervon zur erzielenden höhern zur Lebsucht geeigneten Gewinnes die Gewerbesteuerpflichtigkeit begründen würde, so läßt doch § 16 Gesetz vom 19. Juli 1861 in dieser Beziehung keinen Zweifel mehr." „Für den Vermiether möblirter Zimmer soll die Steuerpflichtigkeit nicht erst dann beginnen, wenn das Vermiethen in der Art eines Hotelbetriebes erfolgt, sondern schon dann, wenn es einen gewissen größeren Umfang annehme."

Zu 4. Bei Zuwiderhandlungen gegen Steuergesetze kann von einer fehlenden betrügerischen Absicht nicht die Rede sein.

In der Revision rügt A. Verletzung des Gesetzes vom 30. Mai 1820 in Bezug auf Gastwirthschaft und chambres garnies. Das Kammergericht verwarf dieselbe am 27. August 1880 aus ff. Gründen: „Es kann der Beschwerdeführerin zugegeben werden, daß beide Begriffe nach jenem Gesetz zu einer zweifelhaften Interpretation veranlassen könnten, das Gesetz hat aber gerade in dem hier streitigen Punkte durch § 16 Gesetz vom 19. Juli 1861 eine bewußte Abänderung zum Zwecke klarer Neuregelung des Begriffs erfahren. Der Ausdruck „chambres garnies" ist absichtlich nicht wieder aufgenommen, sondern das Wort „möblirte Zimmer" gewählt, so daß nunmehr eine Interpretation aus dem Code civil völlig ausgeschlossen bleibt. Nach den Motiven hat das Vermiethen von nur zwei möblirten Zimmern, selbst bei gewerbsmäßigem Betrieb, steuerfrei bleiben sollen; mit dem Vermiethen von drei heizbaren Zimmern dagegen ist die Möglichkeit der Besteuerung gegeben, vorausgesetzt nur, daß diese Vermiethung überdies gewerbsweise geschieht. Dieser Gedanke der Motive hat im § 16 seinen völligen angepaßten Ausdruck gefunden. Wenn nun das Gesetz vom 19. Juli 1861 sich selbst als ein solches bezeichnet, welches einige Abänderungen des Gesetzes, betreffend die Entrichtung der Gewerbesteuer vom 30. Mai 1820, trifft, so ist bei einer geplanten und ausgesprochenen Abänderung der Spezialbestimmung über das gewerbsweise Vermiethen möblirter Zimmer ein Zurückgreifen auf die nicht aufgenommenen Worte „chambres garnies" und die Kategorie der Gastwirthschaft absolut ausgeschlossen.

Das fernere Erforderniß der Gewerbsmäßigkeit stellt der

Vorder-Richter dahin fest, daß A. die ihr entbehrlichen Wohnungsräume „zum Zweck der fortgesetzten Gewinnerzielung" weiter vermiethet hat. Diese Feststellung widerspricht nicht den früheren thatsächlichen Anführungen der A., welche nur hervorgehoben hatte, daß die Räume für Aufnahme von Familien ungeeignet seien. Weder dieser Umstand zwingt zum Möbliren, noch schließt die Qualität einer Hauswirthin allein die Gewerbsmäßigkeit des Vermiethens aus. In der Revisionsinstanz ist die Anführung neuer Thatmomente nach §§ 376, 394 R.-Str.-Pr.-O. überhaupt unzulässig. Dieselbe kann daher auf sich beruhen bleiben; eine Beschränkung der Vertheidigung ist nicht hervorgehoben und würde formell nach §§ 380, 398 Str.-Pr.-O. gleichfalls nicht erörterungsfähig sein.

Das Gebäudesteuergesetz vom 21. Mai 1861 führt nach und neben dem Gesetz vom 19. Juli 1861 eine fernere Steuer von der bloßen Benutzbarkeit, dem Nutzungswerth der Gebäude, ohne die gewerbliche Nutzung zu berühren, ein, ist nicht zur Anwendung gebracht und nicht verletzt. Da die bloße Nichtanzeige vom Anfang des steuerpflichtigen Gewerbes durch § 17 Gesetz vom 3. Juli 1876 mit Strafe bedroht ist, kann eine rechtswidrige Absicht, welche über die bloße Nichtbefolgung des zum Thun verpflichteten Gebots hinausginge, nicht verlangt werden und ist auch dieser Angriff verfehlt."

Drittes Kapitel.
Beendigung des Miethsverhältnisses.

Die Miethe ist ihrem Begriffe nach ein zeitlich begrenztes Rechtsverhältniß. Eine dauernde Veräußerung des Gebrauchsrechts einer Sache würde bewirken, daß die Sache selbst gewissermaßen aus dem Vermögen des Vermiethenden ausschiede, während sie, dem Wesen der Miethe zufolge, ein Bestandtheil dieses Vermögens bleiben soll. Das frühere Institut der sogenannten Erbmiethe kennt unser heutiges Recht nicht mehr.

Die Beendigung der Miethe tritt nun entweder von selbst oder nach voraufgegangener Kündigung ein.

Erster Abschnitt.
Beendigung der Miethe von selbst.

I. Wenn der Miethsvertrag selbst eine bestimmte, zeitliche Begrenzung des Miethsverhältnisses ausspricht, wenn also die Vertragsschließer dem abstracten Rechtsprincip gemäß, wonach die Miethe ihrem Begriffe nach einmal ein Ende nehmen muß, im bestimmten Falle vereinbart haben, wann dieses Ende eintreten solle, so erlischt das Miethsverhältniß, in Gemäßheit dieser vereinbarten zeitlichen Begrenztheit ganz von selbst.[1)]

[1)] § 324 A. L.-R. I. 21.

Die zeitliche Begrenztheit kann durch den Vertrag in verschiedener Art und Weise bestimmt werden.

Entweder setzt der Vertrag die Dauer des Miethsverhältnisses fest, dann ist das Verhältniß mit dem Ablaufe der festgesetzten Zeit beendet.

Oder aber der Vertrag bestimmt den Endpunkt: alsdann ist das Ende da, sobald der bestimmte Endpunkt erreicht ist. Als Endpunkt kann auch der zukünftige Eintritt eines Ereignisses vertragsmäßig vereinbart werden.[1)] Auch für diesen Fall bewirkt der wirkliche Eintritt des bezüglichen Ereignisses die sofortige Beendigung des Miethsverhältnisses; nur hat der Miether, falls nicht eine vertragsmäßige vorhanden ist, die gesetzliche Räumungsfrist.[2)]

Hat bei Miethsverträgen auf unbestimmte Zeit der Miethsvertrag dadurch aufgehört, daß der vermiethete Gegenstand nicht mehr existirt oder sich nicht mehr ermitteln läßt, so erreicht das Miethsverhältniß und die Zahlung des Miethszinses damit seine Endschaft (Erk d. Ob.-Trib. v. 27. Okt. 1873).

[1)] § 336 a. a. O.
[2)] § 337 a. a. O.

Die Verordnung vom 30. Juni 1834 bestimmt über die Termine bei Wohnungs-Miethsverträgen, bezieht sich also nicht auf Speicher, Keller, Ställe, Holzhöfe, Gärten, soweit sie nicht Zubehör von Wohnungen sind (Rescr. v. 8. u. 9. Sept. 1834): § 1. „Wenn künftig der Anfang eines Wohnungs-Miethsvertrages auf Ostern, Johannis, Michaelis oder Weihnachten bestimmt wird, so soll unter diesen Ausdrücken jederzeit der Anfang eines Kalenderquartals, also der 1. April, 1. Juli, 1. Oktober und 1. Januar verstanden werden, wenn nicht der Vertrag ausdrücklich ein Anderes bedingt."

§ 2. „Wo es nöthig befunden werden sollte, bei größeren Wohnungen die gesetzliche Räumungsfrist zu verlängern, kann solches unter Berücksichtigung der bestehenden örtlichen Gewohnheiten, durch eine von der Polizeibehörde zu erlassende, der Bestätigung der Regierung bedürfende Verordnung mit verbindlicher Kraft für alle Einwohner des betr. Orts angeordnet werden. (Für gewöhnlich werden nach dem Verhältniß der Größe der zu räumenden Wohnung dem ersten Umzugstage noch ein bis zwei Tage zugesetzt, jedoch so, daß der Umzug am ersten Tage beginnen und spätestens am 3. oder 4. Tage beendet sein muß, und zwar muß ein Theil der zu räumenden Wohnung schon am 1. Tage u. s. f. dem zuziehenden Miether zur Verfügung gestellt werden.)"

In Berlin muß bei kleinen, d. h. aus höchstens 2 Wohnzimmern nebst Zubehör (Alkoven, Küche, Kammer, Bodenräume, Verschläge und Vorrathskeller) bestehenden Wohnungen, am ersten Quartaltage, bei mittleren, d. h. aus 3—4 Wohnzimmern und Zubehör bestehenden Wohnungen am zweiten Quartalstage um 12 Uhr Mittags, und bei großen, d. h. mehr als 4 Wohnzimmer umfassenden Wohnungen am dritten Quartalstage um 12 Uhr Mittags die Räumung der Wohnung durch den abziehenden Miether erfolgen, mit der Maßgabe, daß bei Wohnungen aus 3 Wohnzimmern und Zubehör ein Wohnzimmer und bei solchen von mehr als 3 Wohnzimmern und Zubehör zwei Wohnzimmer am ersten Quartalstage vollständig geräumt dem neuen Miether für die Unterbringung seiner Möbel und Effecten zur Verfügung gestellt werden (Verf. v. 26. März 1870).

§ 3. „Fallen Sonn- oder Feiertage in die bestimmte Umzugszeit, so soll an solchen Tagen die außerdem vorhandene Verbindlichkeit der Miether ruhen." Die besonderen Feiertage der Katholiken und Juden bleiben dabei außer Betracht, und es kommen nur die allgemein geltenden Feiertage zur Berücksichtigung.

Es ist übrigens festzuhalten, daß diese letzterwähnte Form der zeitlichen Begrenzung nicht gleichbedeutend mit einer Bedingung ist. Dies würde dem Wesen der Miethe widerstreiten. Die Parteien sollen und können nicht vereinbaren, daß die Beendigung der Miethe in einem einzelnen Falle nur eine bedingte, also eventualiter ausgeschlossene sei; denn jede Miethe soll eine endliche sein. Es ist somit für unzulässig zu erachten, als Endpunkt den Eintritt eines Ereignisses zu vereinbaren, von dem es ungewiß ist, ob es überhaupt eintreten werde: es ist zwar nicht nöthig, besonders festzusetzen, daß die Miethe einmal endigen solle; es erscheint aber andererseits nicht angängig, zu statuiren, daß sie unter Umständen niemals endigen solle.

II. Wenn zwar im Vertrage eine bestimmte zeitliche Begrenzung in einer der eben besprochenen Formen nicht enthalten ist, doch aber insofern gewissermaßen mittelbar ausgesprochen erscheint, als entweder ausdrücklich gesagt ist, die Sache werde vom Miether nur zur Erreichung eines bestimmten Zweckes gemiethet, oder aber diese Absicht des Miethers aus den Umständen oder aus seinen bekannten Absichten mit hinlänglicher Klarheit hervorgeht, so ist nach § 346 I. 21. A. L.-R. die Miethe von selbst beendet, sobald der Miether seinen Zweck erreicht hat. Diese Rechtsregel erscheint materiell als eine sehr weit gehende Anwendung des eben erörterten Grundsatzes, wonach es zulässig ist, die Dauer der Miethszeit als begrenzt durch den Eintritt eines zukünftigen Ereignisses zu vereinbaren. Im Allgemeinen wird man aber diesem Grundsatze nur eine beschränktere Anwendbarkeit einräumen dürfen: wie hier die Erreichung einer Absicht, so wird man nicht ohne weiteres auch andere an sich unbestimmte, vieldeutige und zu Streitfragen Anlaß bietende Begriffe als den Eintritt eines Ereignisses können gelten lassen; der Fall des § 346 bedurfte somit als Absonderlichkeit einer besonderen Hervorhebung.

Zweiter Abschnitt.
Die Kündigung der Miethe.

I. Die Ausbildung des Institutes der Kündigung verdanken wir im Wesentlichen erst der modernen Rechtsentwickelung. Die römischen Quellen bieten nur sehr kärgliche Anhaltspunkte, auf welchen sich die Theorie des gemeinen Rechts mit ihren zahllosen Streitfragen in der Weise aufgebaut hat, daß im gemeinen Recht allmälig eine Reihe von

Rechtssätzen ziemlich allgemeine Geltung erlangt haben, welche aus der Wortfassung der römischen Gesetze nur sehr gezwungen, bisweilen auch gar nicht begründet werden können. Den Verfassern des A. L.-R. gebührt das Verdienst, daß sie in dem preußischen Gesetzbuche ein wohldurchdachtes, in sich logisches System detaillirter Vorschriften niedergelegt haben. Streitfragen haben sich freilich auch an das A. L. R. vielfach geknüpft, doch sind sie, zum Theil durch die Rechtsprechung, zum Theil durch erläuternde und ergänzende Einzelverordnungen und Gesetze heut im Großen und Ganzen zum Austrage gebracht.

II. Das Institut der Kündigung besteht darin, daß diejenige Partei, welche den Vertrag auflösen will, diesen ihren Willen ein bestimmte Zeit vorher erklärt, und daß während der Dauer dieser Frist der Vertrag noch unverändert bestehen bleibt. In allen Fällen, in welchen das Ende des Miethsverhältnisses nicht irgend wann von selbst eintritt, kann dasselbe nur durch Kündigung seitens einer Partei herbeigeführt werden.

III. Die Kündigungsfrist bestimmt das Gesetz nur für den Fall, daß seitens der Parteien eine solche nicht vereinbart worden ist: in diesem Falle soll die Kündigung innerhalb der ersten 3 Tage desjenigen Quartals erfolgen, mit dessen Ablauf die Wohnung geräumt, also der Vertrag enden soll.[1]) Hier könnte der Zweifel entstehen, ob eine vor dieser Frist erfolgte Kündigung als innerhalb der gesetzlichen Frist geschehen zu erachten, oder aber, weil außerhalb dieser Frist erfolgt, als unwirksam anfechtbar sei. Nach dem Wortlaut des Gesetzes möchte man zu letzterer Anschauung neigen, doch hat das Ober-Tribunal durch Erkenntniß vom 8. Oktober 1856 (Pacht), für den durchaus analogen Fall des § 342 A. L.-R. I. 21, die erstere Auffassung angenommen, welche auch die dem Sinne des Gesetzes gemäße ist. Für monatliche Miethungen ist durch Verordnung vom 9. Januar 1812 eine besondere Kündigungsfrist dahin festgesetzt worden, daß der späteste Kündigungstermin der 15. des betreffenden Monats ist.

[1]) § 344 a. a. O.

Schon aus den vom Gesetze gewählten Kündigungsfristen ergiebt sich, daß eine Beendigung des Miethsverhältnisses im Laufe einer der Zinszahlungsperioden in den der Kündigung

bedürfenden Fällen im Allgemeinen ausgeschlossen erscheint:[1])
denn ein Monat und ein Quartal sind diejenigen Perioden,
nach Ablauf derer, in den weitaus meisten Fällen, der Zins,
bisweilen sogar laut Gesetz, an den Vermiether zu entrichten
ist. Es wird dies später noch als eigene Rechtsregel hervorgehoben werden.
[1]) § 341 a. a. O.

IV. An eine bestimmte Form ist die Kündigung
gesetzlich nicht gebunden; es ist selbstredend, daß es den
Parteien unbenommen ist, eine solche zu vereinbaren; das
Gesetz fordert lediglich, daß die Kündigung zur Wissenschaft
des Gegentheils wirklich gelangt sei.[1]) Mündliche und
schriftliche Kündigung sind also an sich gleichwerthig. Laut
Ministerial-Rescript vom 13. April 1816 kann die Kündigung
auch eine gerichtliche sein.
[1]) § 348 a. a. O.

V. Wenn eine Kündigung in der gehörigen Weise erfolgt,
d. h. innerhalb der Kündigungsfrist zur wirklichen Kenntniß
des andern Theiles gebracht worden ist, so ist dieser andere
Theil, falls er Einwendungen gegen die Kündigung zu machen
beabsichtigt, gehalten, binnen acht Tagen der gehörig geschehenen Kündigung zu widersprechen; anderenfalls
geht er der zu erhebenden Einwände verlustig.[1])
[1]) § 349 a. a. O.

Der Miether, welcher nach Ablauf der vertragsmäßigen
Zeit ohne eine gültige Verlängerung im Besitze der Wohnung
bleibt, hat vom Tage der abgelaufenen Miethszeit die Obliegenheiten eines Verwalters fremder Sachen und vom Tage
des ihm zugekommenen Widerspruchs des Vermiethers die
Pflichten und Lasten eines unredlichen Besitzers.[1])
[1]) § 333 a. a. O.

Muß er auf Verlangen des Vermiethers den Besitz
während des Laufes des Quartals räumen, so kann ihm für
die Zwischenzeit, vom Anfange des Quartals an, kein Zins
abgefordert werden; sofern er aber nach Ablauf des Miethstermines den Besitz ganze Quartale hindurch fortgesetzt hat,
muß er für diese Quartale den Zins nach Bestimmung des
Vertrages entrichten.[1])
[1]) §§ 334. 335 a. a. O.

Was über den Fall, wenn eine gewisse Zeit im Vertrage
bestimmt worden, verordnet ist, gilt auch alsdann, wenn die

Dauer der Miethe nach einem gewissen Ereignisse, oder nach einer Begebenheit bestimmt war; war jedoch der Zeitpunkt, wenn die Begebenheit oder das Ereigniß eintreten würde, ungewiß, so muß nach dessen Erfolge dem Miether noch eine verhältnißmäßige Zeit zur Räumung des Besitzes gestattet werden, und ist diese Zeit, im zweifelhaften Falle nach den gesetzmäßigen Aufkündigungsfristen zu bestimmen.¹)

¹) §§ 336—338 a. a. O.

Ein bis zur Volljährigkeit des Eigenthümers gültig geschlossener Miethskontrakt muß bis zum Ablaufe der gesetzmäßigen Jahre fortgesetzt werden, selbst wenn der Eigenthümer schon früher für großjährig erklärt worden wäre.

Ueber die Bedeutung dieses Rechtssatzes in Rücksicht auf die Worte einer „gehörig geschehenen Aufkündigung" beim Widerspruch des Anderen hat viel Streit geherrscht. Seinem nackten Wortlaute nach ist er geeignet, zu den mit den allgemeinen Rechtsgrundsätzen des Vertragsrechtes in schneidendstem Gegensatze stehenden Folgerungen zu führen. Das Ober-Tribunal hat durch Plenar-Beschluß vom 6. Mai 1848 ihn als nur für diejenigen Fälle maßgebend anerkannt, daß durch unterlassenen Widerspruch innerhalb acht Tagen die Einwendungen gegen die Aufkündigung nur dann verloren gehen sollen, wenn dem Kündigenden zur Kündigung überhaupt ein Recht zustand, sei es ein vertragsmäßiges, sei es ein gesetzliches, bei Kündigungen dagegen, welche jeder rechtlichen Basis entbehren, ihn für nicht anwendbar erklärt, und im Verfolg dieser Ansicht ausgesprochen, daß seine Bedeutung eine wesentlich prozessuale, sein materiell-rechtlicher Inhalt dagegen nur ein geringwerthiger sei. Zu dieser Auffassung ist das Ober-Tribunal durch äußere, wie auch durch innere Gründe gelangt. Die ersteren werden gefunden hauptsächlich in der äußeren Stelle, welche die Verfasser des A. L.-R. diesem Satze angewiesen haben, und aus welcher auf seine innere Tragweite gefolgert wird; er findet sich unter denjenigen Rechtsnormen, welche von der Zulässigkeit und Nothwendigkeit der Kündigung sowie von den Erfordernissen derselben handeln, unter den Vorschriften über die rechtlich gestattete Kündigung: es widerstrebt, nach dem Ober-Tribunal, an solcher Stelle, in solchem Zusammenhange unter dem Begriffe einer gehörig geschehenen Kündigung auch Kündigungen rubriciren zu wollen, welche, wohl formell unanfechtbar, sachlich jeder Berechtigung ermangeln. Die materiellen Gründe des Ober-Tribunals wurzeln in den generellen Grundsätzen des Preußischen Vertragsrechtes, welche durch den § 349, falls man ihn ohne die einschränkende Interpretation des Ober-Tribunals adoptire, für den Miethsvertrag auf den Kopf gestellt würden, welchen Zweck dieser § aber ganz offenbar nicht habe. Eine unberechtigte Kündigung sei überhaupt keine Kündigung im Sinne des Gesetzes und könne es durch etwas rein Negatives, das bloße Schweigen der anderen Partei, sicherlich nicht werden. Eine solche, fälschlich so genannte, Kündigung sei vielmehr zu erachten als Antrag des einen Vertragsschließers an den anderen, den laufenden Vertrag zu lösen, ein Antrag, welchen der andere Vertragsschließer überhaupt nicht zu beachten, geschweige denn zu beantworten verpflichtet sei. Indem nun das Ober-Tribunal zugiebt, daß Einwendungen von Erheblichkeit, im großen Durchschnitt ausgeschlossen erscheinen, insofern es sich nur um gehörige Kündigungen auf rechtlicher Grundlage handeln könne, gegen welche im Allgemeinen erhebliche Einreden kaum denkbar erscheinen, vermag es trotzdem nicht zuzugeben, daß die Rechtsregel, wie wohl von anderer Seite gelegentlich dagegen ist ausgeführt worden, hiermit bedeutungs- und inhaltslos und somit überflüssig werde: es erblickt vielmehr den Schwerpunkt derselben in ihrer prozessualen Wirkung, insofern sie sehr oft gerade die unerheblichen Einreden abschneide und dadurch nachtheilige Verschleppungen der Prozesse verhindere.

VI. In welchen Fällen ist denn nun aber die Auflösung des Miethsvertrages durch Kündigung bedingt? Welche Miethsverträge müssen gekündigt werden, um ein Ende zu erreichen? Die Antwort lautet: Alle rechtsgültigen, nicht aber die nur durch die Uebergabe für einen gesetzlichen Zeitraum anerkannten Miethsverträge, welche von selbst niemals endigen würden, bedürfen, wenn ihr Ende herbeigeführt werden soll, der Kündigung, und zwar bei mehreren gemeinschaftlich Berechtigten, der gemeinschaftlichen Kündigung, event. durch Bevollmächtigung. Es sind dies aber alle diejenigen Miethsverträge, in welchen eine zeitliche Begrenztheit der Dauer des Miethsverhältnisses überhaupt nicht ausgesprochen ist, weder unmittelbar, noch mittelbar in der früher erörterten Form des § 346. Bei derartigen Ver-

trägen ist jeder Vertragsschließer jederzeit zur Kündigung be=
rechtigt mit der einzigen Beschränkung, daß, wie bereits
bemerkt worden ist, Unterbrechungen derjenigen Perioden als
unzulässig gelten, nach deren jedesmaligem Ablauf der Mieths=
zins an den Vermiether zu entrichten ist, mag nun diese
Periode ein Jahr betragen oder einen Monat.[1]

[1] §§ 340. 341 a. a. O.

Eine Streitfrage ist es, ob Verträge, welche, an sich
wegen Mangels der schriftlichen Form ungiltig, nach § 269
durch die Uebergabe Geltung für ein Jahr erlangt haben,
zu ihrer Auflösung der besonderen Kündigung innerhalb der
gesetzmäßigen Kündigungsfrist bedürfen. Das Ober=Tribunal
(v. 2. Juli 1858 ꝛc.) hat diese Frage zu wiederholten Malen
verneint, indem es ausführte, daß die Vorschrift, wonach Ver=
träge, in welchen eine bestimmte Normirung der Miethsdauer
nicht enthalten, nur durch Kündigung gelöst werden können,
hier um deswillen nicht anwendbar sei, weil einmal es sich
hier gar nicht um eigentlich giltige Verträge handle, sodann
aber es gleich zu achten sei, ob die Miethsdauer durch Vertrag
bestimmt sei oder durch Gesetz: in beiden Fällen endige mit
dem Ablauf der Zeit eo ipso das Rechtsverhältniß. Dem=
gegenüber ist es von Rechtslehrern, welche auch für diesen
Fall die Kündigung verlangen, als unerheblich bezeichnet
worden, ob die Miethsdauer durch Gesetz oder ob sie gar
nicht bestimmt sei; das einzig Wesentliche sei, ob sie rechtlich
wirksam im Vertrage festgesetzt sei; sei dieses nicht der Fall,
und daß es hier nicht der Fall sei, könne nicht wohl be=
zweifelt werden, so bedürfe der Vertrag zu seiner Auflösung
der Kündigung, welche auch hier beiden Theilen zugestanden
werden müsse. Man wird wohl dem Ober=Tribunale bei=
pflichten müssen.

VII. Das A. L.=R. kennt nun aber eine Reihe von
Fällen, in welchen es aus besonderen Gründen für zulässig
erklärt wird, ein durch den Vertrag zeitlich begrenztes Mieths=
verhältniß noch während der Dauer der vertrags=
mäßigen Zeit aufzulösen. Auch eine solche Auflösung
des Vertrages kann nur im Wege der Kündigung bewirkt
werden.

Die in Betracht kommenden Fälle sind folgende.

a) Der Fall der nothwendigen gerichtlichen Ver=
  äußerung der Sache. Wir haben an seiner Stelle

gesehen, daß einer freiwilligen Veräußerung der Sache in Ansehung von Miethsverträgen, welche durch vollzogene Uebergabe der Sache, bereits die Eigenschaft der Dinglichkeit erlangt haben, eine auflösende Kraft nicht innewohnt, daß der Käufer in Rechte und Pflichten des Verkäufers dem Miether gegenüber eintritt, der Satz **Kauf bricht Miethe**, keine Geltung hat. Anders gestaltet sich das Verhältniß bei Zwangsversteigerungen. Hier gilt jener Satz in gewissem näher zu präcisirendem Umfange. Eine Zwangsversteigerung (Subhastation) verpflichtet den Miether, der vertragsmäßig bedungenen Miethsdauer ungeachtet, sich eine frühere Kündigung bis zum nächsten gesetzlichen Kündigungstermine nach dem Zuschlage gefallen zu lassen.[1]) Berechtigt zu dieser Kündigung ist sowohl der Ersteher als auch **jeder einzelne** Hypothekengläubiger selbständig,[2]) selbst wenn er keinen exekutionsfähigen Titel hat. Nicht die Zwangsversteigerung an sich, wohl aber die Kündigung legt dem Miether die Pflicht auf, die Wohnung zu räumen, und zwar spätestens mit dem Ablaufe des auf die Ertheilung des Zuschlages folgenden Quartals: ist Kündigung erfolgt, so ist es ihm unbenommen, auch vorher zu räumen.[3]) Festzuhalten ist, daß die Kündigung wesentlich ist für die Lösung des Verhältnisses. Die Zwangsversteigerung als solche löst nicht die währenden Miethsverträge; sie verpflichtet auch Niemanden, zu kündigen; sie giebt nur die Befugniß, gedachte Verträge durch Kündigung zu lösen. Selbst diese Befugniß verleiht sie nur einseitig, dem Miether giebt sie gar kein Recht; nicht nur seine Räumungspflicht, ebenso sein Räumungsrecht resultirt nur mittelbar aus der Zwangsversteigerung, unmittelbar aus der Kündigung, welche eine mögliche, keine wesentliche oder nothwendige Folge der Zwangsversteigerung ist. In den Rechten und Pflichten des Miethers ändert die bloße Zwangsversteigerung nichts. Auch dem Ersteher benimmt sie nicht absolut die Möglichkeit, den Vertrag fortzusetzen; dieselbe erscheint nur neben seinem eigenen Willen noch abhängig von dem Willen der Gläubiger. Somit liegt, trotz der wesentlich von den correspondirenden Grundsätzen, bei freihändigen Verkäufen abweichenden grundsätzlichen Gestaltung, in der nicht ausgeschlossenen Eventualität des Eintrittes des Erstehers in den weiter währenden Vertrag an Stelle des Betheiligten gleichwohl eine Bestätigung des früher aufgestellten Satzes, daß das Vermietherrecht nach Preußischem Recht unter Lebenden übertragbar ist. Uebrigens ist der Begriff der Zwangsversteigerung für die vorliegende Rechtsmaterie ein engerer als im Allgemeinen, insofern eine von einem Miteigenthümer zum Zwecke der Auseinandersetzung beantragte Zwangsversteigerung gegenüber den Miethern in Ansehung des dem Antragsteller zustehenden Grundstückantheiles nicht als nothwendiger gerichtlicher, vielmehr nur als freiwilliger Verkauf gilt.⁴) Es erscheint selbstredend, daß der Vermiether bezgl. die Gläubigerschaft im Falle des Konkurses (§ 17 R. Konk.-O.) dem Miether für allen Schaden, welcher letzterem aus der durch die Zwangsversteigerung ermöglichten vorzeitigen Beendigung des Verhältnisses erwächst, regreßpflichtig ist.⁵) Diese Verpflichtung umfaßt zunächst nur den wirklichen Schaden, und den entgangenen Gewinn kann der Miether nur bei vorsätzlicher oder aus grobem Versehen begangener Pflichtverletzung des Vermiethers fordern (Erk. d. Ob.-Trib. v. 13. Juni 1876).

¹) § 350 a. a. O. § 97 Pr. G. über die Zwangsvollstreckung in das unbewegliche Vermögen v. 13. Juli 1883.
²) § 357 a. a. O.
³) § 354 a. a. O.
⁴) § 185 Pr. G. v. 13. Juli 1883.
⁵) § 355 A. L.-R. I 21.

b) **Der Fall eines nothwendigen Hauptbaues.**
Ein bei währendem Besitze seitens des Miethers nicht möglicher, gleichwohl aber nöthiger Hauptbau berechtigt beide Theile zur Kündigung, d. h. zur endgültigen Lösung des Verhältnisses.¹) Die Fassung des Gesetzes würde über den Sinn der erheblichen Vorschrift Zweifel bestehen lassen. Das Gesetz schreibt nur vor, daß der Miether zur Räumung während des Baues sich zu verstehen verbunden sei. Die Fragen, ob diese Räumung eine endgültige eine der Auflösung des Vertrages gleich zu achtende, oder nicht vielmehr eine interimistische, den Vertrag nur unterbrechende, nicht beendigende sei, ob

nach Beendigung des Baues nicht von selbst der Vertrag wieder Wirksamkeit gewinne, ob das Gesetz überhaupt eine Kündigung erfordere, erscheinen danach zunächst als offene. Aus formalen wie materiellen Gründen hat sich die Rechtsprechung für die in unserm Anfangssatze reproduzirte Auslegung entschieden, d. h. Vermiether wie Miether sind berechtigt, den Vertrag aufzuheben und keiner kann den andern nach Vollendung des Baues zur Fortsetzung des Vertrages anhalten. Einmal findet sich die Rechtsregel im Rahmen der über zulässige vorzeitige Kündigungen gegebenen Vorschriften; auch pflegt das Gesetz unter Räumung die Beendigung des Verhältnisses zu verstehen, bloße Unterbrechungen aber in anderer Weise zu bezeichnen. Sodann aber läge einerseits kein ausreichender Grund vor, die interimistische Räumung, welche als eine unvermeidliche sich darstellt, gesetzlich noch besonders anzuordnen, andrerseits wäre der Vertrag nach beendigtem Baue als derselbe nur in der Minderzahl der Fälle noch aufzufassen, insofern in der Mehrzahl der Fälle die Sache selbst nicht mehr dieselbe sein dürfte. Eine Schadensersatzpflicht in diesem Falle waltet für den Vermiether nur als eine durch sein Verschulden bedingte ob.[2])

[1]) § 363 a. a. O. Erk. d. Ob.-Trib. v. 11. Juli 1837 und 7. Nov. 1873.
[2]) §§ 363. 364 a. a. O.

c) **Der Fall des Todes des Miethers.**

Wenn der Miether stirbt, so treten an sich seine Erben an dessen Stelle. In Anbetracht der Besonderheit des Falles ist jedoch beiden Theilen ein Kündigungsrecht gegeben.[1]) Die Erben sind gehalten, den Vertrag noch ein halbes Jahr nach Ablauf des Sterbequartals fortzusetzen[2]), und sind zudem an die gesetzliche Kündigungsfrist gebunden. Die Rechtsprechung hat in konstanter Praxis angenommen, daß das Kündigungsrecht sowohl des Vermiethers als auch des Miethers mit Ablauf des auf das Sterbequartal folgenden Halbjahres erlösche, in späterer Zeit also nicht mehr ausgeübt werden könne, da die Annahme einer Unbegrenztheit dieser Befugniß sowohl der besonderen ratio der in Rede stehenden Bestimmungen, welche nach den Materialien als eine clausula rebus sic stantibus aufzufassen seien, als auch den allgemeinen fundamentalen Normen des Vertragsrechts widerstreiten würde. Der Tod des Vermiethers oder eines Mitmiethers ändert nichts an dem Verhältniß, berechtigt insbesondere keinen Theil zur Auflösung.[3])

[1]) § 371 a. a. O.
[2]) ebenda.
[3]) § 375 a. a. O.

Wollen die Erben den Vertrag nicht weiter halten, so müssen sie in den ersten 3 Tagen nach Ablauf des Sterbequartals ausdrücklich ihr Rücktrittsrecht erklären und kündigen, ebenso der Vermiether, wenn er bei Ableben des Miethers zurücktreten will. Nach Ablauf dieser Kündigungsfrist geht ihr Kündigungsrecht verloren (Plen.-Beschl. d. Ob.-Trib. v. 14. Juni 1847 und d. Reichsger. v. 12. Dez. 1881).

Die bloße Mitunterschrift der Frau unter dem Miethsvertrage verpflichtet dieselbe noch nicht, die Miethe nach des Mannes Tode länger fortzusetzen, sobald sie eine solche durch diesen Todesfall in ihren Umständen vorgefallene Veränderung nachweisen kann, vermöge welcher ihr aus der Fortsetzung ein erheblicher Nachtheil entstehen würde.

Die nach dem Tode ihres Ehemanns die Wohnung benutzende Wittwe ist, insofern sie den Miethsvertrag nicht mit abgeschlossen hat und des Mannes Erbin nicht geworden ist, zur Fortzahlung der Miethe nicht verpflichtet (Erk. d. Ob.-Trib. v. 3. August 1837).

d) Wenn in der Person oder in den Verhältnissen des Miethers eine nicht freiwillige Veränderung eintritt, welche ihm den ferneren Gebrauch der Sache unmöglich macht, so ist der Miether zur Auflösung des Vertrages durch Kündigung befugt, jedoch verpflichtet, nach seiner Wahl, entweder dem Vermiether den Miethszins eines halben Jahres, vom Ablaufe des Kündigungsquartals gerechnet, zu bezahlen, oder aber demselben einen Untermiether zu stellen, gegen welchen erhebliche Bedenken nicht obwalten.[1]) Was unter einer nicht freiwilligen Veränderung in Person oder Verhältnissen zu verstehen sei, ist gesetzlich nicht bestimmt, unterliegt daher eventuell der richterlichen Beurtheilung aus der Individualität des Einzelfalles. Streitig ist die Frage nach der Ausdehnung der Anwendbarkeit dieses Rechtsatzes auf Beamtenversetzungen: es wird allgemein angenommen, daß ein Beamter, welcher seine Versetzung nachgesucht, dieselbe nicht als eine nicht freiwillige Veränderung im Sinne des § 376 zu vorzeitiger Kündigung benutzen dürfe, während die Ansichten bezüglich eines Beamten, welcher eine ihm angebotene Versetzung, obwohl er sie auszuschlagen befugt war, angenommen hat, schwanken und differiren; die richtige Auffassung scheint diejenige zu sein, welche nicht nur diejenigen Versetzungen, die wider den Willen des Beamten erfolgen, sondern alle Versetzungen, welche ohne seinen Willen herbeigeführt sind, für nicht freiwillige Versetzungen erachtet. Die Stellung des Untermiethers anlangend, so tritt hier keine Aftermiethe in dem oben erörterten Sinne ein, es sind also für dieses Verhältniß auch die sonstigen Grundsätze von den Beziehungen des Vermiethers, des Hauptmiethers und des Untermiethers nicht anwendbar. Zwischen Hauptmiether und Vermiether lösen sich alle rechtlichen Beziehungen, zwischen Hauptmiether und Untermiether entstehen keine. Der Hauptmiether tritt gänzlich aus dem Verhältniß, der Untermiether vollständig an seine Stelle. Die bisherigen Beziehungen zwischen Vermiether und austretendem Hauptmiether werden ersetzt durch neu entstehende, in Ansehung ihres Inhaltes mit jenen erlöschenden congruente Beziehungen zwischen dem Vermiether und dem eintretenden Untermiether. Es wird weder ein Aftervertrag noch überhaupt ein neuer Vertrag geschlossen. Bezüglich der erheblichen Bedenken ferner, welche den Vermiether zur Ablehnung des gestellten Untermiethers berechtigen, enthält das Gesetz nähere Bestimmungen nicht, und unterliegt somit die Frage nach der Erheblichkeit eines geltend gemachten Bedenkens, wie etwa die Unsicherheit, im Zweifel dem aus der Besonderheit des konkreten Falles schöpfenden Ermessen des Richters. Auf den Fall der Konkurseröffnung findet § 376 keine Anwendung. Zu erwähnen ist noch, daß das Gesetz den Truppenausmarsch bei entstehendem

Kriege als eine zur Kündigung berechtigende nicht freiwillige Veränderung in den Verhältnissen des ins Feld ziehenden Miethers ausdrücklich hervorhebt und vor sonstigen derartigen Veränderungen insofern bevorzugt, als die Kündigung eine Lösung des Verhältnisses mit Ablauf des Ausmarschquartals bewirkt, ohne daß dem Miether aus dieser vorzeitigen Beendigung irgend welche Verbindlichkeiten dem Vermiether gegenüber erwüchsen[2]: die Praxis der Gerichte hat in konstanter Rechtsprechung den wirklichen Kriegsausbruch als nicht erforderlich zur Begründung dieser Miethervorrechte erklärt; es genügt der Ausmarsch in Veranlassung und zum Zwecke eines Krieges (Erk. d. Ob.-Trib. v. 10. Mai 1852).

[1] §§ 376. 377 a. a. O.
[2] § 378 a. a. O.

Veränderungen in der Person oder den Verhältnissen des Vermiethers, mögen sie nun freiwillig oder unfreiwillig sein, berühren das Miethsverhältniß nicht.[1]

[1] § 386 a. a. O.

Wenn in Kriegszeiten der Miether durch feindliche Gewalt und Uebermacht gezwungen wird, Miethszinsen an den Feind zu berichtigen, so ist er nicht schuldig, selbige dem Vermiether noch einmal zu bezahlen; wegen solcher Termine jedoch, mit deren Entrichtung an den Vermiether er säumig gewesen, kommt ihm dergleichen von dem Feinde abgedrungene Zahlung nicht zu statten.[1]

[1] §§ 381. 382 a. a. O.

e) Wenn die Sache ohne Verschulden des Miethers zu dem bestimmten Gebrauch ganz oder theilweis untüchtig geworden ist, so hat der Miether das Kündigungsrecht;[1] auch ist er berechtigt, aber nicht verpflichtet, die Reparatur der Mängel durch Klage gegen den Vermiether oder auf eigene Kosten selbst zu erwirken (Erk. d. Ob.-Trib. v. 4. Mai 1857). Es ist dies an anderer Stelle als Folge des rechtlichen Verhältnisses der Vermiether- und Mietherverbindlichkeiten zu einander bereits erörtert. Dort ist auch das Erforderliche über die Schadensersatzpflicht des Vermiethers gesagt.[2]

[1] § 383 a. a. O.
[2] § Kap. II. Abschn. I. Nr. 1.

Die von ihm zu leistende Miethszinszahlung wird nach dem Verhältniß der Zeit, wo er die Sache noch hat brauchen oder nützen können, bestimmt. Hat der Vermiether durch ein grobes oder mäßiges Versehen die Unbrauchbarkeit der Sache veranlaßt, so ist der Miether Schabloshaltung zu fordern berechtigt.[1]

Wegen veränderter Umstände in der Person des Vermiethers findet vor Ablauf der kontraktsmäßigen Zeit keine Aufkündigung statt.

Wenn die gemiethete Wohnung durch ohne Verschulden des Miethers herbeigeführte Mängel, z. B. Feuchtigkeit, Schwamm und dergleichen, nicht aber Ungeziefer, gesundheitsgefährlich ist, so ist der Miether berechtigt, vor Ablauf der vertragsmäßigen Zeit den Miethsvertrag aufzuheben. Daß der Miether unterlassen hat, gegen den Vermiether auf Beseitigung der Uebelstände durch die zweckentsprechenden Reparaturen zu klagen oder dieselben selbst zu besorgen, stellt kein Verschulden des Miethers dar. Ebenso wenig ist ein solches darin zu finden, daß die Ursache der Gesundheitsgefährlichkeit schon vor Abschluß des Miethsvertrages bestanden hat, der Miether aber dieselbe damals hätte bemerken können, wenn er dieselbe genauer untersucht hätte. Auch die Unterlassung der Anzeige der Baumängel an den Vermiether ist für keine solche Verschuldung anzusehen (Erk. d. Ob.-Trib. v. 4. Mai 1857 u. 2. Juli 1858 und d. Reichsger. v. 14. April 1882).

Wenn die vermiethete Sache durch ein grobes oder mäßiges Versehen des Vermiethers unbrauchbar wird, so fällt nicht nur die Verbindlichkeit des Miethers zur Entrichtung des Miethszinses hinweg, sondern er ist auch außerdem berechtigt, Schabloshaltung von dem Vermiether zu fordern (Erk. d. Ob.-Trib. v. 19. Okt. 1853). Uebrigens braucht Miether dann nur darzuthun, daß der Vermiether vorsätzlich oder durch schuldbares Versehen die Reparaturpflicht nach geschehener Anzeige zu erfüllen unterlassen oder mangelhaft erfüllt habe (Erk. d. Ob.-Trib. v. 15. März 1869).

[1] § 385 a. a. O.

f) Wenn dem Vermiether nur eine zeitlich begrenzte Verfügungsbefugniß über die vermiethete Sache zustand, so erlischt zwar mit dem vor Ablauf der vertragsmäßig bedungenen Miethszeit eintretenden Erlöschen dieser Verfügungsbefugniß das Miethsverhältniß nicht von selbst, wohl aber ist der Rechtsnachfolger des Vermiethers befugt, dasselbe durch eine an die gesetzliche Frist gebundene Kündigung vorzeitig zu Ende zu bringen.[1]) Dieser Fall ist vorwiegend von Bedeutung für Vermiethungen, welche der Nießbraucher der Sache vorgenommen hat. In der speziellen Anwendung auf den ehemännlichen Nießbrauch an dem eingebrachten Grundstück der Ehefrau wird es heut als streitig betrachtet, ob die aus irgend einem Grunde eintretende Beendigung dieses Nießbrauches der Ehefrau das in Rede stehende Kündigungsrecht gebe. Es ist wohl für die verneinende Beantwortung der Frage geltend gemacht worden, daß die Vermiethung einer Veräußerung gleich zu achten sei; auch hat man als Analogie herangezogen, daß die Erben eines Mündels von den seitens des Vormundes bewirkten Vermiethungen zurückzutreten nicht berechtigt seien. Beide Beweisführungen erscheinen irrthümlich, auch sind sie, konsequent aufgefaßt, nicht nur gegen den Fall des ehemännlichen Nießbrauches gerichtet, sondern treffen die Vermiethungen von Nießbrauchern überhaupt und würden somit, ihre Richtigkeit vorausgesetzt, besten Falles beweisen, daß das Gesetz unlogisch und inkonsequent sei, als Beweisführungen für die Ausschließung ehemännlicher Vermiethungen von der positiven Norm des Gesetzes jedoch niemals gelten können. Sie sind aber nicht richtig. Eine Vermiethung ist freilich eine Veräußerung, aber nicht der Sache, sondern des Gebrauchsrechts, und keine endgültige und unwiderrufliche, sondern eine zeitlich und sonst vielfach begrenzte und beschränkte, das Beispiel des Vormundes aber paßt nicht; der Vormund vermiethet für sein Mündel, dessen Rechte er zur Ausübung bringt, der Ehemann vermiethet für sich, kraft eigenen Rechtes. Angenommen wird in der Rechtsprechung, daß der ehemännliche Nießbrauch an dem eingebrachten Grundstück der Ehefrau seine Endschaft erreicht, wenn in Folge der Ehetrennung ober eines richterlichen Urtheils der Ehemann des Nießbrauchs und der Verwaltung des Eingebrachten für verlustig erklärt wird, nicht aber bei vertragsmäßiger (freiwilliger) Aufgebung des Nießbrauchs; nur im ersten Falle wird also die Ehefrau durch einen von dem Ehemann über ihr eingebrachtes Grundstück geschlossener Vermiethungsvertrag nach getrennter Ehe nicht verpflichtet. (Erk. d. Ob.-Tr. v. 14. Dez. 1839, 11. März 1853 und 27. Mai 1864.) — Uebrigens muß schon zur Zeit des Vertragsabschlusses vorherzusehen gewesen sein, daß das Recht des Vermiethers an der Sache nach Ablauf einer gewissen Zeit aufhören werde (Erk. d. Ob.-Trib. v. 3. Juli 1877). — Wenn der Nachfolger im Besitze statt von seinem Kündigungsrechte Gebrauch zu machen, sich so verhält, daß auf eine stillschweigende Einwilligung zu schließen ist (§. 325, I. 21. A. L.-R.), so gilt der Vertrag für stillschweigend verlängert. — Zum Schadenersatz an die Miether, sind die Vermiether oder dessen Erben, abweichend von den allgemeinen, aus der Natur der Vorleistung sich ergebenden Grundsätzen, nur verbunden, wenn entweder der Vermiether die Beschränktheit seines Rechts dem Miether verheimlicht hat oder die Schadensersatzpflicht vertragsmäßig besonders festgesetzt ist.[2])

[1]) §§ 388. 389 A. L.-R. I. 21.
[2], § 390 a. a. O.

g) Die von dem einen Vertragsschließer geweigerte Erfüllung des Vertrages berechtigt den anderen, unter den allgemeinen gesetzlichen Voraussetzungen, zum Rücktritt vom Vertrage durch Kündigung.[1])

[1]) §§ 393 folgd. A. L.-R. I. 5. und §§ 391. 393 A. L.-R. I. 21.

h) Der zwei volle Termine umfassende Rückstand des Miethszinses berechtigt den Vermiether zur Kündigung.[1]) Die Kündigungsfrist ist die gesetzliche Voraussetzung eine dem Miether anzurechnende von ihm zu vertretende Zahlungsverzögerung. Durch Annahme von Zahlungen vor der Kündigung, wenn auch Abschlagszahlungen und wenn auch mit Vorbehalt, giebt der Vermiether sein Kündigungsrecht auf. Vertrags=

mäßige Vereinbarungen, welche die Folgen ausbleibender Zinszahlungen ausdrücklich anderweit regeln, heben die in Rede stehende gesetzliche Bestimmung auf. Insbesondere ist es zulässig, sowohl das Kündigungsrecht schon an einmalige Zögerung des Miethers zu knüpfen, als auch gänzlich von dem Erforderniß der Kündigung abzusehen und sofortige Räumungspflicht ohne vorherige Kündigung zu statuiren. In allen Fällen aber gilt die nachträgliche Annahme von fälligen Zinsraten und selbstredend von Praenumerandoraten vor Geltendmachung der dem Vermiether eingeräumten Befugniß als Verzicht auf diese Befugniß. Gesetz wie Verträge sind bezüglich der vorliegenden Fragen nie anders zu deuten, als daß dem Vermiether die Alternative gestellt werde, den Vertrag entweder fortzusetzen oder zu lösen; nimmt er Miethszahlung an, bevor er den Willen kundgegeben, zu lösen, so wird darin eine Aeußerung des Willens, fortzusetzen, erblickt; er hat sich für die eine Möglichkeit entschieden und damit die andere verloren; Vorbehalte in der Quittung ändern daran nichts.

Ist in einem **schriftlichen** Miethsvertrage dem Vermiether das Recht eingeräumt, bei nicht pünktlicher Zahlung des Zinses die sofortige Exmission des Miethers zu verlangen, so wird Vermiether durch eine spätere **mündliche** Erklärung, daß es auf eine Verspätung der Zinszahlung von 3 bis 4 Tagen niemals ankomme, für die Zukunft **nicht gebunden**; in einer solchen Nachsichtsbewilligung ist nur eine formlose und daher **unwirksame** Abänderung des Vertrages betreffs jenes Rechts zu finden; solange aber diese Erklärung nicht zurückgenommen ist, wird Vermiether gehindert, eine innerhalb jener Frist geleistete Miethszahlung als verspätet zu rügen. Dagegen kann in dem Verlangen der Räumung nach sechs Monaten nicht ein Verzicht des Vermiethers auf das ihm nach dem schriftlichen Vertrage zustehende Exmissionsrecht überhaupt, sondern nur eine Ausübung desselben in **geringerem Umfange** gefunden werden (Erk. d. Ob.-Trib. v. 28. Sept. 1874).

[1]) § 298 A. L.-R. I. 21. Erk. d. Ob.-Trib. v. 4. April 1862 u. 3. Juli 1871.

Wenn der Vermiether wegen rückständig gebliebener

zweier Termine von dem gesetzlichen Kündigungsrechte Gebrauch macht, so ist derselbe auch nur an die gesetzliche Kündigungsfrist, d. i. in den ersten drei Tagen desjenigen Quartals, mit dessen Ablauf die Wohnung geräumt werden soll, gebunden, nicht aber an die etwa davon abweichende, im Vertrage stipulirte Frist. (Erk. d. Ob.-Trib. v. 30. Mai 1845 u. 28. Nov. 1856.)

Ist in einem abgeschlossenen Miethsvertrage stipulirt worden, daß, wenn die Entrichtung der Miethe zur bestimmten Zeit nicht prompt erfolge, der Miethsvertrag seine Kraft verliere und der Miether sofort seine Wohnung räumen müsse (eine Bestimmung, welche nicht die Natur einer Konventionalstrafe hat), so liegt in dem eintretenden Falle dem Vermiether, wenn er von diesem Rechte Gebrauch machen will, ob, solches dem Miether sofort zu erkennen zu geben. Nimmt er eine Abschlagszahlung ohne Vorbehalt an und läßt er nach Annahme derselben den Miether den Vertrag noch Wochenlang fortsetzen, so ist dies als eine Verzichtleistung auf die Ausübung des stipulirten Rechtes anzusehen, und eine Exmissionsklage kann später aus diesem Grunde nicht mehr stattfinden. (Erk. d. Ob.-Trib. v. 27. Juli u. 3. August 1844.) Würde jedoch der Miethsvertrag durch den Rücktritt des Vermiethers aufgelöst, so fällt selbstverständlich die Miethsforderung für die noch übrige Zeit weg, da ein Miethsverhältniß dann nicht mehr vorhanden ist. Ist nun eine solche auflösende Bedingung eingetreten, der Vermiether hat aber statt den Vertrag sofort aufzuheben, die Vorausbezahlung der Miethe für die nächste Periode an einem späteren Tage, als dem vertragsmäßig stipulirten, selbst mit Vorbehalt angenommen, so ist dieser Vorbehalt wirkungslos und das Recht zur Exmissionsklage erloschen. (Erk. des Ob.-Trib. v. 30. April u. 16. Mai 1856 und des Reichsg. v. 28. Nov. 1879.) Der Vermiether kann wegen unterbliebener Zahlung der nach dem Vertrage bei Vermeidung sofortiger Räumung der Wohnung am ersten Tage jeden Quartals voraus zu zahlen gewesenen Miethe, nicht die Miethe und die Räumung zugleich fordern.

Ist der Miether eines Gebäudes durch höhere Gewalt oder durch einen nicht in seiner Person sich ereignenden Zufall auf längere Zeit als einen Monat des Gebrauchs desselben ganz oder zum Theil entsetzt worden, so kann er von dem Vermiether verhältnißmäßigen Erlaß vom Miethspreise fordern; dies gilt auch für den Fall, wo die Einquartierungslasten den Miether nicht treffen, derselbe aber die gemiethete Wohnung auf einen Monat oder länger, der Einquartierung ganz oder zum Theil hat überlassen müssen. Hierbei muß vorausgesetzt werden, daß der Miether von der Behörde oder den Truppen gezwungen worden, die Wohnung ganz oder zum Theil zu räumen und die Einquartierung aufzunehmen. Dann soll er ohne Unterschied der Friedens- oder Kriegszeit von der Zinszahlung befreit sein. Uebrigens sind für das Rechtsverhältniß zwischen Vermiether und Miether die landrechtlichen Bestimmungen maßgebend und die betr. Reichsgesetze einflußlos geblieben. Nach diesen Gesetzen vom 25. Juni 1868, 13. Febr. 1875 und 13. Juni 1878 sind die Leistungen nunmehr durch Vermittelung der Gemeinden in Anspruch zu nehmen und werden von den Gemeindebehörden repartiert.

i) **Der Fall des Konkurses.**

α) Geräth der Miether in Konkurs, so entsteht für beide Theile ein Kündigungsrecht vor dem vertragsmäßigen Ablauf. Er ist an die gesetzliche Frist gebunden, wenn nicht der Vertrag eine kürzere stipulirt.[1]) Für den Miether kündigt der Verwalter. Der Vermiether hat alsdann, wenn er die fraglichen Räume anderweit nicht so hoch oder gar nicht vermiethen kann, einen Anspruch auf Schadenersatz und zwar in Ansehung der eingebrachten und noch auf seinem Grundstück befindlichen Sachen als absonderungsberechtigter Konkursgläubiger. Er kann deren Hinterlegung bezgl. Erlös bis zum Ablauf der Miethszeit verlangen. (Erk. d. Reichsger. v. 29. Febr. 1884.) Er hat ein Verzugsrecht an den eingebrachten Sachen des Miethers und diese haften, wenn der Konkursverwalter nicht gekündigt hat, für die Miethsforderungen bis zum Ablauf des Miethsvertrages (Erk. d. Reichsger. v. 9. Mai 1885).

Wird der Konkurs vor Uebergabe der gemietheten

Sache eröffnet, so ist der Vermiether den Vertrag als
nicht abgeschlossen anzusehen und zu behandeln befugt.
Auf Erfordern des Verwalters aber muß der Vermiether
demselben ohne Verzug erklären, ob er vom Vertrage
abgehen will [2]).

[1]) § 17 Nr. 1. Reichs-Konk.-Ordn.
[2]) § 18 Al. I. a. a. O.

β) Der Konkurs des Vermiethers ändert an sich
nichts an dem Verhältnisse, als daß die Gläubigerschaft
an Stelle des Gemeinschuldners tritt. Doch wird ein
vom Verwalter bewerkstelligter freiwilliger Verkauf der vermietheten Sache in seinen rechtlichen Wirkungen auf das
Miethsverhältniß als eine Zwangsversteigerung betrachtet
und beurtheilt.[1])

[1]) §. 17 Nr. 2. a. a. O.

k) Vertragsmäßige Statuirung von Kündigungs-
rechten. Schließlich ist zu bemerken, daß es den Parteien frei steht, in beliebiger Ausdehnung die verschieden-
artigsten Kündigungsrechte in rechtlich wirksamer Weise
vertragsmäßig festzusetzen.

l) Die den gesetzlichen Vorschriften zum größeren Theile
innewohnende nur ergänzende, nicht zwingende Natur hat
zur weiteren Folge, daß die Vertragsschließer auch in
der Vereinbarung, unter gewissen Voraussetzungen
solle eine vorzeitige Auflösung des Vertrages
ohne Kündigung eintreten, meist unbehindert und
unbeschränkt sind. Es tritt in dieser Weise in der
Praxis zwischen die beiden fast aus der Natur der
Sache fließenden, bisher erörterten Möglichkeiten der
Beendigung durch Zeitablauf und durch Kündigung gewisser Maßen ein dritter Fall. In allen diesen Fällen,
wo weder Zeitablauf noch Kündigung vorliegt, hat der
eine Theil ein vertragsmäßiges Recht, bei Eintritt gewisser
Voraussetzungen die sofortige Beendigung, welche nicht
von selbst eintritt, zu fordern; der andere ist gehalten,
sich diesem Verlangen zu fügen. Es handelt sich somit,
so zu sagen, um eine unbefristete Kündigung. Fordert
der Berechtigte nicht, so entsteht auch keine Verpflichtung
des anderen Theiles, und der Vertrag besteht weiter.
Alle derartigen Verträge sind im Zweifel zu Gunsten
des Belasteten auszulegen, und Abweichungen vom Ge-

setze sind in ihnen überhaupt nur insoweit anzunehmen, als Inhalt und Ausdruck unzweifelhaft eine vom Gesetz abweichende vereinte Willensrichtung der Vertragsschließer erkennen lassen.

m) Das Gesetz selbst hat in einem als singuläre Anomalie aufzufassenden Falle ein Rechtsverhältniß der eben gedachten Art konstruirt. Mißbrauch der Sache seitens des Miethers berechtigt den Vermiether, von ersterem die sofortige Räumung zu fordern.[1]) Das Verhältniß endet mit dem Moment, wo der Vermiether die Endigung fordert. Mißbrauch ist ein von dem vertraglich bestimmten Gebrauche abweichender oder ein Gebrauch, welcher die Substanz der Sache erheblichen Beschädigungen aussetzt. Die trotz vertragsmäßigen Verbotes vorgenommene Aftervermiethung gilt nicht als Mißbrauch im Sinne des Gesetzes, ein Grundsatz, welcher indeß in der Rechtsprechung noch sehr bestritten ist; dagegen fällt unbedenklich hierher die Benutzung der Wohnung zu einem unsittlichen Gewerbe z. B. zur Unterhaltung einer Wirthschaft mit feilen Dirnen, zum Absteigequartier zu diesem Zwecke, zum Spiel ꝛc., vorausgesetzt jedoch, daß die Gewerbemäßigkeit nachweisbar ist. (Erk. d. Ob.-Trib. v. 26. Febr. 1866 u. 10. Mai 1865.) Uebrigens aber macht sich der Vermiether einer Wohnung an Frauenspersonen, welche in derselben mit Wissen des Wirths gewerbsmäßig Unzucht treiben, der strafbaren Kuppelei schuldig, auch, wenn er von den Frauenspersonen keine übertrieben hohe Miethe erhält. (Erk. d. Reichsger. v. 4. Nov. 1880); er wird strafrechtlich auch verantwortlich, wenn er nach erlangter Kenntniß von dem Unzuchttreiben diesem nicht steuert.

[1]) § 387 A. L.-R. I. 21.

Wenn in einem Miethsvertrage zur Erhaltung der guten Ordnung im Hause festgesetzt ist: „Holz oder Kiehn dürfen nie in der Wohnung oder Küche klein gemacht werden" und wenn nach einer weiteren Bedingung: „sollten Miether diesem Vertrage entgegen handeln, oder denselben nicht erfüllen, dem Vermiether freistehen soll, die sofortige Räumung zu verlangen", so berechtigt der Umstand allein, daß in der gemietheten Wohnung oder Küche ohne Willen und Wissen des Miethers Holz oder

Kiehn klein gemacht worden, den Vermiether noch nicht, die sofortige Räumung der Wohnung zu verlangen. (Erk. d. Ob.=Trib. v. 16. Nov. 1847.) Dagegen berechtigt die Uebertretung der Hausordnung durch die Dienstboten zur Exmission des Miethers, wenn er nicht nachweisen kann, daß ohne sein Verschulden die Uebertretung stattgefunden und seine Entschuldigung, von der Uebertretung seines Dienstboten nichts gewußt zu haben, genügt nicht. Begeht der Wirth selbst eine Uebertretung, gegen die den Miethern bei Strafe der Exmission vorgeschriebene Hausordnung, so berechtigt dieselbe die Miether nicht zu derselben Uebertretung (Erk. d. Reichsg. v. 28. Nov. 1870).

11) Daß der Untergang der Sache z. B. durch Brand des Gebäudes, Ueberschwemmung ꝛc. den Vertrag ohne Weiteres von selbst aufhebt, ist selbstredend.

Viertes Kapitel.
Verlängerung des Miethsvertrages.

I. Wenn die Verlängerung eines Miethsvertrages ausdrücklich erfolgt, so ist dieser ausdrücklichen Verlängerung das Wesen eines neuen Vertrages beizumessen. Der alte Vertrag ist erloschen, an seine Stelle ist der neue getreten. Der neue Vertrag, welcher nunmehr die gegenseitigen Beziehungen regelt, ist nach seinem eigenen Inhalte auszulegen; der frühere darf in zweifelhaften Fällen allenfalls als Auslegungsmaterial benutzt, nicht aber dürfen Bestimmungen, welchen die Eigenschaft der Besonderheit oder der Zufälligkeit innewohnt, ohne Weiteres aus dem Miethsvertrage in den Wiedervermiethungsvertrag hineingetragen werden, insbesondere gelten alle speziellen Sicherungsrechte beider Theile als weiter gewollt stets nur, wenn sie von Neuem ausdrücklich vereinbart worden sind.

II. Die stillschweigende Verlängerung eines Miethsvertrages hat zwei Voraussetzungen, nämlich daß der Miether im Besitze bleibe und daß der Vermiether seine Einwilligung in die Fortsetzung des Vertragsverhältnisses durch

stillschweigende Einwilligung begründende Handlungen zu er=
kennen gebe.¹)
  ¹) § 325 A. L.-R. I. 21.

III. Im Besonderen ist hervorzuheben, daß sowohl die
Annahme weiterer Zinszahlungen als solche Handlung des
Vermiethers gilt¹), wie auch der Umstand, daß er dem ihm
kundgethanen Willen des Miethers, den Vertrag zu ver=
längern, während einer Frist von 2 Wochen nicht wider=
spricht.²) Das Recht des Vermiethers, die Aufhebung des
Miethsvertrages zu verlangen, erlischt hiernach auch dann,
wenn dem Miether gewisse Handlungen bei Vermeidung der
Exmission untersagt sind, der Vermiether diese Handlungen
duldete, wobei es keinen Unterschied macht, wenn die Zuwider=
handlung z. B. gegen das Verbot, bauliche Veränderungen
vorzunehmen, Hausthiere zu halten, Aftermiether aufzunehmen,
eine fortdauernde Wirkung hat (Erk. d. Ob.=Trib. v.
1. Juli 1872).
  ¹) § 327 a. a. O.
  ²) § 326 a. a. O.

IV. Eine stillschweigende Verlängerung soll in der Regel
d. h. in der Ermangelung eines andern Anhaltspunktes für
ein Jahr gelten.¹) Sind jedoch die Zinszahlungsperioden
länger als ein Jahr, so erstreckt sich die Verlängerung auf
die ganze Periode.²) Analog wird vielfach, u. E. mit
Recht, angenommen, daß bei kürzeren Perioden nur für die
Dauer der Periode eine Fortsetzung stillschweigend begründet
werden kann.
  ¹) § 328 a. a. O.
  ²) § 329 a. a. O.

V. Auch Verträge, welche wegen mangelnder Schriftform
nur für ein Jahr Geltung haben, können stillschweigend ver=
längert werden.

Der Miether, welcher nach Ablauf der vertragsmäßigen
Zeit ohne eine gültige Verlängerung im Besitze der Woh=
nung bleibt, hat vom Tage der abgelaufenen Miethszeit die
Obliegenheiten eines Verwalters fremder Sachen und vom
Tage des ihm zukommenden Widerspruchs des Vermiethers
die Pflichten und Lasten eines unredlichen Besitzers.

Muß er auf Verlangen des Vermiethers den Besitz
während des Laufes des Quartals räumen, so kann ihm für
die Zwischenzeit, vom Anfange des Quartals an, kein Zins

abgefordert werden; sofern er aber nach Ablauf des Miethstermines den Besitz ganze Quartale hindurch fortgesetzt hat, muß er für diese Quartale den Zins nach Bestimmung des Vertrages entrichten.

Was über den Fall, wenn eine gewisse Zeit im Vertrage bestimmt worden, verordnet ist, gilt auch alsdann, wenn die Dauer der Miethe nach einem gewissen Ereignisse oder nach einer Begebenheit bestimmt war; war jedoch der Zeitpunkt, wann die Begebenheit oder das Ereigniß eintreten würde, ungewiß, so muß nach dessen Erfolge dem Miether noch eine verhältnißmäßige Zeit zur Räumung des Besitzes gestattet werden, und ist diese Zeit, im zweifelhaften Falle, nach den gesetzmäßigen Aufkündigungsfristen zu bestimmen.

Ein bis zur Volljährigkeit des Eigenthümers gültig geschlossener Miethsvertrag muß bis zum Ablaufe der gesetzmäßigen Jahre fortgesetzt werden, selbst wenn der Eigenthümer schon früher für großjährig erklärt worden wäre.

Soll der Vertrag über das Alter der Großjährigkeit des Mündels hinausgehen, so bedarf er der Genehmigung des Vormundschaftsgerichts. Ob aber ein über das Alter der Großjährigkeit ohne solche Genehmigung abgeschlossener Vertrag bis zum Alter der Großjährigkeit perfekt oder wegen Mangels einer Willenseinigung gänzlich ungültig ist, muß im Einzelfalle nach der Absicht der Vertragsschließer beurtheilt werden.[1]

[1] § 42 Nr. 7 Vorm. Ordn. v. 5. Juli 1875.

Fünftes Kapitel.
Rechtsmittel.

Erster Abschnitt.
Klagen.

I. Da das Verhältniß zwischen Vermiether und Miether ein wesentlich obligatorisches ist, welches im Großen und Ganzen alle Male nach dem in jedem einzelnen Falle abgeschlossenen Vertrage sich regelt, so sind auch die Klagen zwischen Vermiether und Miether dem entsprechend persönliche. Die Ansprüche selbst entspringen aus dem Vertrage: der Vertrag aber bindet nur die Vertragsschließer, ein im Vertrage wurzelnder Anspruch kann somit nur gegen die Person des Vertragsschließers geltend gemacht werden.

II. Anders verhält es sich dritten Personen gegenüber. Daß für diese der Vermiether nicht sowohl Vermiether als vielmehr lediglich Eigenthümer der Sache, somit ihnen gegenüber auch die Klagerechte des Eigenthümers auszuüben befugt ist, bedarf keiner Erörterung. Aber auch der Miether ist Dritten gegenüber nach Maßgabe der früheren Auseinandersetzungen, dinglich berechtigt; er ist sogenannter unvollständiger Besitzer. Freilich ist der Vermiether aus dem obligatorischen Verhältniß verbunden, dem Miether Besitz und Gebrauch der Sache zu gewährleisten, und umgekehrt der Miether befugt, unter allen Umständen, die Störung möge herrühren, von wem sie wolle, diese Gewährleistung mit der persönlichen Vertragsklage vom Vermiether zu fordern. Allein die Befugniß des Miethers gegenüber Besitz- und Gebrauchsbeeinträchtigungen von Seiten dritter Personen reicht über die Anstrengung der persönlichen Klage gegen seinen Vertragsschließer hinaus; er kann sich gegen jeden Störer direkt, unter Umgehung des Vermiethers schützen, auf Grund seines dinglichen Rechtes, mit dinglicher Klage.

III. Hier interessiren vorzugsweise die Klagen zwischen den Vertragsschließenden. Die rechtliche Grundlage derselben ist stets der Vertrag.

a) Der technische Ausdruck für die Vermietherklage ist actio locati. Mit derselben klagt der Vermiether auf Zahlung des Zinses, Ersatz von Schaden und Vergütung von Interesse, Rückgabe der Sache, endlich auf Entsetzung des Miethers aus dem Besitz, auf sogen. Exmission. Alle diese verschiedenen Klagen repräsentiren begrifflich eine und dieselbe actio locati, sind ihrem Wesen nach nicht einmal verschiedene Arten derselben Gattung, sondern lediglich verschiedene Erscheinungsformen einer einzigen begrifflichen Kategorie. Daß dem Vermiether gegen den Miether die Eigenthumsklage nicht zusteht, ist selbstredend. Gegen die actio locati hat der Miether ganz allgemein die Einrede der Ab- oder Aufrechnung (Kompensation); zur Kompensation darf er unterschiedslos alle dem Vertragsverhältniß entwachsenen Gegenforderungen stellen.

Nach einer jüngst ergangenen Entscheidung des Reichsgerichts handelt es sich bei dieser Einrede nicht um eine Kompensation im technisch-juristischen Sinne des Wortes. Den erwähnten Gegenforderungen ist es gemeinsam, daß sie die Rüge mangelhafter Vertragserfüllung seitens des Vermiethers involviren; erwägt man nun, daß Klageforderung und Kompensationsforderung ihrem inneren Verhältniß nach somit als Verlangen obligatorischer Leistung und Gegenverlangen obligatorischer Gegenleistung erscheinen, daß die vom Kläger geforderte Leistung ihrem Wesen nach Nachleistung, die einredeweise beanspruchte Gegenleistung aber Vorleistung ist, daß also die Entstehung der Klageforderung als bedingt durch die vorherige Befriedigung der Einredeforderung sich darstellt, so ergiebt sich, wie das Reichsgericht ausführt, daß weniger von einem Kompensiren als von einem völligen Negiren die Rede sein müsse; insbesondere entzieht der Mangel der formellen Liquidität dem Miether die sogenannte Kompensationseinrede gegen die actio locati nicht. — Eine Einrede wegen Verletzung über die Hälfte hat Miether nicht.

b) Die Mietherklage heißt actio conducti. Die actio conducti kommt zur Anwendung bei Klagen auf Uebergabe der Sache, auf Herstellung des brauchbaren Standes derselben, auf Erstattung von Verwendungen und Auslagen, auf Ersatz von Schaden und Interesse.

Zweiter Abschnitt.
Sicherungsmittel.

I. Neben den Klagen sind sowohl dem Vermiether als auch dem Miether durch das Gesetz in Ansehung ihrer Ansprüche aus dem Miethsverhältnisse noch besondere Sicherungsmittel gegeben. Bezeichnend für dieselben ist es, daß sie in der Regel erst bei Beendigung der wechselseitigen Beziehungen geltend gemacht werden können, weil erst dann die gegenseitigen Ansprüche, welche bei währender Miethe beständigem Wechsel und Aenderungen unterworfen sind, mit Sicherheit festgestellt werden können. Da jedoch das Verhältniß selbst den zur Vorleistung verpflichteten Vermiether ungünstiger stellt als den nur nachleistenden Miether, so ist er in Bezug auf die Sicherungsmittel günstiger gestellt worden und kann sie unter Umständen schon vor Ablauf des Vertrages geltend machen, was dem Miether an und für sich versagt ist. Freilich bietet letzterem seine sogenannte Compensationseinrede gegen die actio locati eine Aequivalent, welches im Grunde von derselben Wirkung begleitet ist.

II. **Zunächst der Vermiether.** Das A. L.-R. sagt: Der Vermiether hat auf die vom Miether eingebrachten eigenen und zur Zeit der Endigung des Vertrages im Hause vorhandenen Sachen und Effecten die Rechte eines Pfandgläubigers.[1]) Die A. Ger.-Ordn., welche mit dem 1. Okt. 1879 zwar außer Kraft getreten ist, deren Bestimmungen aber, zumal die Reichs-Civil-Prozeßordnung besondere Vorschriften über das Verfahren in Miethssachen, wie solche den Titel 44 der A. Ger.-Ordn. bilden, nicht enthält, noch heut nicht unwichtig sind für die Beurtheilung der vorliegenden Frage, diese A. Ger.-Ordn. erwähnt im Titel 44 wiederholentlich ein (Retentions-) Zurückbehaltungsrecht des Vermiethers und als demselben unterworfen bezeichnet sie abwechselnd die Effekten und Habseligkeiten, die eingebrachten Mobilien des Miethers.[2]) Die Deklaration vom 21. Juli 1846 verordnet: die dem Vermiether beigelegten Rechte eines Pfandgläubigers erstrecken sich nur auf solche Sachen und Effekten, welche dem Miether selbst gehören, oder welche derselbe ohne Einwilligung des Eigenthümers zu verpfänden befugt ist. Die Reichs-Konc.-Ordn. endlich stellt den Vermiether in Ansehung der eingebrachten Sachen, sofern die Sachen sich noch auf dem Grundstücke befinden, den Faustpfandgläubigern gleich.[3]) Dies ist alles, was die Gesetzbücher über das dem Vermiether als Sicherungsmittel gewährte Recht desselben an den eingebrachten Sachen enthalten: es ist unbestreitbar, daß es diesen gesetzlichen Aussprüchen an Klarheit, Bestimmtheit und Genauigkeit mangelt. Als Consequenz davon stellt es sich dar und darf nicht befremden, wenn das ganze in Rede stehende Institut nicht weniger in der Praxis als in der Doctrin streitig erscheint. Unbestritten ist nur, daß der Vermiether wegen der aus dem Miethsverhältniß fließenden, nicht aber wegen anderer Forberungen die Sachen des die Wohnung räumenden Miethers zurückzubehalten befugt ist. Sonst aber ist alles an diesem Rechte streitig: Anfang, Umfang, Natur und Ausübung. Es gilt dies nicht nur im preußischen Rechte, nicht anders verhält es sich im gemeinen Recht. Der jetzt im Stadium der Vorbereitung begriffenen Codification des gesammten deutschen Civilrechts muß es vorbehalten sein, hier Klarheit zu schaffen, und an Stelle dunkler Gesetzesaussprüche bestimmte, nach Form und Inhalt deutliche Rechtsnormen zu setzen.

[1]) § 395 A. L.-R. I. 21.
[2]) §§ 56—60 A. G.-O. I. 44.
[3]) § 41 Nr. 4 R.-K.-O.

a) **Was hat der Vermiether eigentlich für ein Recht?** Wie dasselbe rechtlich zu qualificiren sei, ist streitig. Einerseits wird nämlich behauptet: Ein Pfandrecht hat er zunächst nicht, ein Pfandrecht an beweglichen Sachen ohne Besitz der Sache widerstreitet den Grundsätzen des preußischen Rechtes, wonach ein solches lediglich durch den Besitz oder doch wenigstens die Gewahrsam der verpfändeten Sache, wirklich und perfect wird.[1]) Es entspricht nicht dem Sachverhalte, in der Einbringung der beweglichen Sachen von Seiten des Miethers die Begründung einer Gewahrsam oder gar eines Besitzes für den Vermiether erblicken zu wollen, zumal unstreitig die Verfügungsbefugniß des Miethers über die Sachen durch die Einbringung derselben eine nennenswerthe Einschränkung nicht erleidet. Es handelt sich daher bei Einbringung der Sachen nur um Feststellung eines Pfandgewinnungsrechtes, eines Pfandanspruches, eines bloßen Titels zum Pfandrecht. Der durch die Einbringung geschaffene Titel bedarf zur Hervorbringung wirklichen Pfandrechts noch der thatsächlichen Besitzergreifung. Die Zurückbehaltung der Sachen ist ein Act der Besitzergreifung. Demnach sind die Sachen, sobald sie zurückbehalten werden, allerdings für verpfändet zu erachten, nicht aber, sobald und weil sie eingebracht werden.

[1]) §§ 104, 105 A. L.-R. I. 20.

Von anderer Seite wird dagegen ausgeführt: Es ist zwar richtig, daß das A. L.-R. die Begründung eines Pfandrechts an Mobilien abhängig macht und als gewisser Maßen untrennbar behandelt von der Ergreifung des Besitzes. Es handelt sich jedoch dabei nur um die Kennbarmachung des Rechts für Dritte, und es hindert nichts, wenn diese Kennbarmachung sich in anderer Weise bewerkstelligen läßt, auch ohne Besitz, wenn das Gesetz es vorschreibt, ein wirkliches Pfandrecht als entstanden anzunehmen Die Kennbarmachung aber liegt hier in fast noch höherem Maße vor als bei der Besitzergreifung. Eine Rechtsregel: „Eingebrachte Sachen des Miethers sind dem Vermiether verpfändet," bietet, verbunden mit der dazutretenden offen vor Jedermann's Augen liegenden Thatsache der Einbringung, eine allen Interessen und Ansprüchen genügende Kennbarkeit.

Für die letztere Auffassung hat sich das Ober-Tribunal (Erk. v. 23. Nov. 1835 und 19. Juni 1874, Präj. v. 21. Okt. 1839), auch das Reichsoberhandelsgericht (Erk. v. 28. Mai 1872) und das Reichsgericht (Erk. v. 8. Mai 1880) wiederholt entschieden, und dürfte dieselbe somit, obwohl auch die andere noch heut vielfach vertreten wird, als die maßgebende und herrschende bezeichnet werden.

Danach erscheint als rechtliche Folge der Einbringung der Sachen deren Verpfändung. Die Sachen sind verpfändet durch die Einbringung und mit der Einbringung: sie gerathen vom Momente der Einbringung ab von selbst in den pfandrechtlichen Nexus, ohne daß es noch eines hinzutretenden modus bedarf.

b) **Wie das Pfandrecht entsteht mit dem Augenblicke der Einbringung, so erlischt es mit der Fortschaffung der Sachen ohne deren Zurückbehaltung.** Nur bei einer Fortschaffung wider den Willen des Vermiethers besteht es weiter und giebt demselben das Recht, die Wiederherbeischaffung, und zwar allemal vom Miether zu fordern, welcher sich dann der unerlaubten Selbsthülfe schuldig macht. Das Pfandrecht währt aber bis zur vollen Beendigung des Vertrages, also jedenfalls bis zum wirklichen Auszuge des Miethers; dem gegenüber kann der Vermiether sein Zurückbehaltungsrecht nicht eher ausüben, als bis er die Zahlung eines Miethszinses zu fordern hat; als erhöhte Sicherung muß er seinen Anspruch als Arrest selbstständig begründen. Vgl. unten.

c) **Die Wirkung des Pfandrechts.** — Zwar ist auch dies sehr bestritten, wir folgen der Judicatur des Ober-Tribunals. — Die Wirkung äußert sich darin, daß eine Fortschaffung der Sachen ohne Einwilligung des Vermiethers nicht angängig ist. Im Uebrigen ist der Miether in der Disposition über die verpfändeten Sachen nicht im Mindesten beschränkt. Er darf rechtlich und thatsächlich über dieselben verfügen. Er darf sie verschenken, vertauschen, verkaufen, weiter verpfänden. Alles dies aber unbeschadet der auf ihnen lastenden Hypothek, welche eben darin ihr Dasein bekundet, daß die Sachen auf dem Grundstücke des Vermiethers bleiben und nicht aus den Miethsräumen entfernt werden müssen, aller das Gegentheil bedingenden Rechtsgeschäfte und Abmachungen ungeachtet, wenn es der Vermiether verlangt. An sich darf der Miether die Sachen auch fortschaffen: aber nur mit ausdrücklicher oder stillschweigender Zustimmung des Vermiethers. — (Erk. des Ob.-Trib. v. 19. Juni 1874). Zieht der Miether nach einem anderen Wohnhause desselben Vermiethers, so steht diesem nur in Bezug auf die Miethsrückstände der neuen Wohnung das gesetzliche Retentionsrecht zu, während dasjenige an den in der alten Wohnung befindlichen Mobilien des Miethers mit deren Fortschaffen erlischt (Erk. des Reichsger. v. 26. Febr. 1881). Mit anderen Pfandrechten kann das Vermietherpfandrecht nicht wohl collidiren: es erweist sich dies als undenkbar, wenn man erwägt, daß andere Pfandrechte durch den Besitz der Pfandsache, das Vermietherpfandrecht durch das Vorhandensein derselben in den vermietheten Räumen bedingt ist, eine und dieselbe Sache aber unmöglich gleichzeitig im Besitze eines dritten Pfandgläubigers und in den Miethsräumen sich befinden kann; eine verpfändete Sache kann der Miether nicht mehr einbringen, eine eingebrachte kann noch nicht verpfändet sein. Wenn freilich es um eine zu Unrecht dem Besitze des Pfandgläubigers entzogene Sache sich handelt, so geht das ältere Pfandrecht vor und hindert die Entstehung des Vermietherpfandrechts.

Uebrigens ist in den deutschen Gebietstheilen, in welchen ein gesetzliches Zurückbehaltungsrecht des

Vermiethers an den vom Miether eingebrachten Mobilien nicht besteht, das vertragsmäßig eingeräumte Zurückbehaltungsrecht rechtswirksam und eine vom Miether dagegen begangene Verletzung als strafbarer Eigennutz (§ 289 R. Str.-G.-B.) zu bestrafen (Erk. des Reichsger. v. 12. Juni 1884).

Sehr streitig war früher die Frage nach der Stellung des Vermiethers zu den executionsuchenden Gläubigern des Miethers. Auch die Rechtsprechung des Ob.-Trib. hat geschwankt. Während die eine Meinung dahin ging, daß der Vermiether durch die bloße Ausübung der Zurückbehaltung die beantragte Zwangsvollstreckung verhindern könne und in Streitigkeiten über Vorzugsrechte mit den anbringenden Gläubigern sich nicht einzulassen brauche, weil sein Pfandrecht stets als das ältere erscheine, erklärten andere die Vollstreckung der Zwangsvollstreckung und den Verkauf der abgepfändeten Sachen für zulässig und verwiesen den Vermiether theils auf den Interventionsprozeß theils auf einen Prozeß zur Feststellung des Vorzugsrechtes. Die Reichs-Civil-Prozeß-Ordnung hat einen neuen Rechtszustand geschaffen und ist nach derselben die Streitfrage dahin entschieden, daß der Vermiether nicht befugt ist, der Zwangsvollstreckung in das Mobiliar des Miethers zu widersprechen: mit dem Augenblicke, wo der Gerichtsvollzieher auf Grund des vollstreckbaren Titels mit der Vollstreckung der Execution beginnt, erlischt das Vermietherpfandrecht als Pfandrecht an der Sache, mag die vollstreckbare Forderung noch so neuen Datums sein: es erlischt aber nicht völlig, es lebt in anderer Gestalt wieder auf und besteht fort als modificirtes Recht, als das Recht auf vorzugsweise Befriedigung aus dem Erlöse der Sache, und zwar unbeeinflußt von der Fälligkeit oder Nicht-Fälligkeit der Forderung des Vermiethers.[1]

[1] § 710 Al. I. R.-C.-P.-O.; Erk. d. Reichsger. v. 20. Sept. 1881 u. 2. Juli 1883. V. unten S. 64.

b) **Unterworfen dem Pfandrecht sind alle eingebrachten Sachen, welche dem Miether gehören, oder welche er ohne Einwilligung des Eigenthümers verpfänden darf, soweit ihr Erlös zur Tilgung der Forderungen aus dem Miethsverhältniß genügt**

(Erk. d. Reichsger. v. 25. Novbr. 1879). Als eingebracht müssen alle Sachen gelten, welche, dem Zwecke des ganzen Miethsverhältnisses entsprechend, während der Dauer desselben in den gemietheten Räumen bleiben sollen, welche wie das Römische Recht es treffend ausdrückt, „illata sunt, ut ibi sint"; [1]) andere nicht. Die R.-C.-Pr.-Ordn. führt die der Pfändung nicht unterworfenen Gegenstände namhaft auf, wie Kleidungsstücke, Wäsche, Nahrungs- und Feuerungsmittel ꝛc.[2])

[1]) C. 32. D. XX. 1, C. 7. § 1. D. XX. 2.
[2]) § 710 das.

Streitig ist es, ob baares Geld und Kaufmannswaaren, die zum Verkaufe bestimmt sind, mitverpfändet seien. Nach der Rechtsprechung des Reichs-Ober-Handelsgerichts sind sie in den Pfandnexus mit eingeschlossen.[1]) Die Frage dürfte trotzdem als eine offene bezeichnet werden: hervorragende Theoretiker vertreten die gegentheilige Ansicht, mit der Ausführung, daß weder baare Gelder — auf diese erstreckt sich die Entscheidung des Reichs-Oberhandelsgerichts übrigens gar nicht — noch auch Kaufmannswaaren nach der Absicht des Miethers in den Miethsräumen bleiben sollen, während der erwähnte Gerichtshof ausführt, wenn man auch der Beschränkung zustimmen müsse, welche nur auf die eingebrachten Sachen, weil sie dort sind, den Pfandnexus erstrecke, dagegen die Eingebrachten, weil sie zur Zeit dort sind, von der Haftverbindlichkeit ausnehme, so sei doch für die Beurtheilung im concreten Falle nicht sowohl maßgebend, ob der Miether ein dauerndes Verbleiben der Sachen beabsichtige, als vielmehr die damit nicht identische Frage, ob seine Absicht darauf gerichtet sei, daß die Sachen, sei es auch bloß zeitweise, ihren regelmäßigen Standort in den gemietheten Räumlichkeiten hätten, was in Ansehung eingebrachter Kaufmannswaaren unzweifelhaft der Fall sei. Das Ob. Tribunal hat die Frage endgültig dahin entschieden, daß nach Preuß. Recht auch solche Waaren dem Pfandrecht unterworfen sind, solange sie sich in dem Miethslokale befinden (Erk. v. 31. Jan. 1876). Doch erstreckt sich das Pfandrecht nicht auf solche Waaren, welche nicht von den Miethern (hier einer offnen Handelsgesellschaft), sondern von einem der Gesellschafter, als Kunden derselben, zur Bearbeitung durch die Gesellschaft eingebracht worden sind. Das Pfandrecht des Vermiethers wird übrigens nach Preuß. Rechtsauffassung auf stillschweigende Uebereinkunft zurückgeführt. (Erk. des R.-O.-Hand. G. v. 24. Oktb. 1876.)

[1]) Erk. v. 28. Mai 1872.

Eine fernere Streitfrage ist es, ob unpfändbare eingebrachte Sachen des Miethers dem Vermiether verpfändet sind? Es wird meist bejaht, weil derartige Sachen lediglich von der Verpfändung im Wege der Zwangsvollstreckung ausgenommen seien, nicht aber die Begründung eines Pfandrechtes an ihnen schlechterdings unzulässig erscheine: insbesondere dürfe der Eigenthümer selbst sie durch Vertrag verpfänden, und es sei nicht abzusehen, warum, was durch besonderen Vertrag festgesetzt werden dürfe, nicht als rechtliche Folge eines anderen Vertrages solle aufgestellt werden können; die erheblichen Sachen seien an sich verpfändbar, folglich seien sie nach dem Landrecht und der Deklaration für wirklich verpfändet zu erachten. Die gegentheilige Meinung hinwiederum stützt sich auf eine erweiternde Auslegung derjenigen Bestimmungen, welche die fraglichen Sachen der Pfändung durch die Vollstreckungsbeamten überhaupt entziehen:[1]) sie erblickt hierin nur eine specielle Bethätigung des in unserem Rechtssystem allgemein begründeten und wirksamen Rechtsgrundsatzes, den Schuldner in dem Besitze derartiger Sachen, sei er auch ein Miethsschuldner, unbedingt zu schützen. — Fast allgemein verneint wird heut, daß eingebrachte **Schulddocumente** des Miethers dem Pfandrechte des Vermiethers unterliegen: nicht die Urkunden, welche nur zum Beweise von Sachen und Forderungen dienen, wird ausgeführt, seien verpfändbar, sondern nur die Forderungen, über welche dieselben lauten; diese Forderungen aber seien gar nicht eingebracht. **Inhaberpapiere** anlangend walten wieder Meinungsdifferenzen ob: die Einen wollen sie als bloße Schuldinstrumente dem Pfandrechte entzogen wissen, während Andere sie, da sie nicht nur als Beurkundungen von Obligationen, sondern daneben auch als wirkliche und selbstständige

Sachen in Betracht kämen, für mitverpfändet erklären.
¹) § 715 R.-C.-P.-O.

Die Sachen der Ehefrau, soweit sie der Disposition des Ehemannes unterstellt sind, gelten, dem Wortlaute der Deklaration vom 21. Juli 1846 zufolge, zweifelsohne als verpfändet. Eben so unzweifelhaft ist es, daß die Bestandtheile des der Ehefrau durch Gesetz vorbehaltenen Vermögens von der Haftverbindlichkeit frei bleiben. Zweifel herrscht jedoch hinsichtlich des der Ehefrau durch Vertrag vorbehaltenen Vermögens. Nach der Rechtsprechung des Ober-Tribunals sind die dazu gehörigen Sachen verpfändet, soweit sie nicht der ehemännlichen Verfügung entrückt sind (Erk. v. 4. April 1846 u. 17. August 1847).

e) Das Pfandrecht des Vermiethers an dem Eingebrachten des Miethers hat auch der Aftervermiether an denen des Aftermiethers, während dem Hauptvermiether kein Pfandrecht an dem Eingebrachten des Untermiethers zusteht (Erk. d. Reichsger. v. 10. März 1885).

Ueber die Arrestlegung von Miethsforderungen gegen einen Miteigenthümer des Miethsraumes, ohne daß dieser Vermiether ist, spricht sich ein Erkenntniß des Reichsgerichts vom 12. April 1881 dahin aus: Auf Antrag des B. sind wegen einer rechtskräftigen Forderung desselben gegen N. ³/₄ derjenigen Miethsforderungen mit Arrest belegt, welche aus Vermiethungsverträgen des K. mit verschiedenen Personen hervorgehen. Berufungsrichter erachtet den B. zu der extrahirten Maßregel berechtigt, weil dessen Schuldner als zu ³/₄ Miteigenthümer der vermietheten Räume, nach § 44 ein gleiche Quote der Miethsforderungen von den Miethern in Anspruch zu nehmen befugt sei.

„Diese Annahme ist eine rechtsirrthümliche. Mit Arrest belegt sind Forderungen gegen die Miether aus den mit ihnen geschlossenen Verträgen. Eine Vertragsforderung auf Miethzahlung stand aber nur dem K. als Vermiether, nicht dem N. zu, da weder festgestellt ist, daß dieser an dem Abschluß jener Verträge Theil genommen hat, noch daß K. ausdrücklich und ausweislich der obwaltenden Umstände zugleich in dessen Namen mit den Miethern contrahirt hat. Der Umstand allein, daß die Miethsverträge von K. möglicher Weise auch im Interesse und für Rechnung des N. als des Miteigenthümers der Miethsgegenstände abgeschlossen sind, was Kl. übrigens als von ihm beabsichtigt bestreitet, würde denselben (Entsch. d. R.-O.-H.-G. Bd. 23, S. 57 u. 58) nicht die Vertragsklage gegen die Miether aus den vom K. schlechthin, also in seinem Namen abgeschlossenen Miethsverträgen verleihen, sondern für dieselbe, abgesehen von einem Widerspruchsrecht gegen die einseitige Verfügung des K. über die Benutzung der gemeinschaftlichen Sache nach § 10 I, 17, A. L.-R nur ein Recht auf Theilung der Miethsnutzungen abzügl. etwaiger Auslagen, daher event. auf Rechnungslegung, nach § 44 dem K. gegenüber begründen.

Wenn Berufungsrichter demungeachtet aus dieser letzten gesetzlichen Bestimmung ein der Beschlagnahme des B. unterliegendes direktes Forderungsrecht des N. gegen die Abmiether des K. herleitet, so wendet er dieselbe unpassend an und verletzt zugleich die §§ 75, 76 I, 5 a. a. O. sowie den daraus hervorgehenden Rechtssatz, daß aus Verträgen Rechte und Pflichten nur zwischen den Vertragsschließern und deren Rechtsnachfolgern entstehen."

III. Das dem Miether gegenüber dem Vermiether eingeräumte Sicherungsmittel ist von weit weniger einschneidender Bedeutung als des Vermiethers Pfandrecht an den eingebrachten Sachen des Miethers. Dasselbe ist weniger ein selbstständiges Recht, als vielmehr eine Art legalisirter Privathülfe. Der Miether darf wegen seiner Forderungen aus dem Miethsvertrage bei Endigung der Miethe die letzte Zinsrate zurückhalten.[1]) Diese Zurückbehaltung schafft ihm kein eigentliches Recht an dem betreffenden Gelde, welches etwa, wie das Vermietherpfandrecht eventuell in Konkurrenz treten könnte mit den Rechten Dritter und es handelt sich nur gewisser Maßen um ein faktisches Pressionsmittel gegen den Vermiether; Dritte können das Geld beim Miether arrestiren oder mit Beschlag belegen lassen; verfällt der Vermiether in Konkurs, so ist Miether es an die Masse abzuführen verbunden; gegen den Rechtsnachfolger des Vermiethers ist das Retentionsrecht, nach der verbreiteteren Meinung wenigstens, unwirksam. —

[1]) § 397 A. L.-R. I. 21.

Wirksamer als durch dieses Zurückbehaltungsrecht ist der Miether durch die Einrede der Kompensation gegen die actio locati gesichert, insbesondere bei der umfangreichen Wirkung, welche das Reichsgericht dieser Einrede beigelegt hat. Dasselbe hat in einer Entscheidung vom 15. Juni 1883 als Grundsatz angenommen, daß, wenn ein Miether, ohne den fälligen Zins gezahlt zu haben, gegen den Willen des sein Retentionsrecht geltend machenden Wirthes das Mobiliar aus der Wohnung entfernt, indem er Gegenforderungen in Höhe der Miethsschuld geltend macht, der Miether nicht wegen strafbaren Rückens strafbar ist, selbst wenn seine Gegenforderungen nicht konnexe und illiquide sind und daher bei einer Civilklage des Wirths gegen den Miether wegen der Miethsschuld im Hauptprozeß unberücksichtigt bleiben.

IV. Der Miether darf die Miethswohnung mit seinem Mobiliar gegen den Willen des Vermiethers, ohne den fälligen Miethszins entrichtet zu haben, nicht verlassen, er macht sich sonst des strafbaren „Rückens" schuldig (§ 289 Str.-G.-B.). Dieser Rechtsgrundsatz ist in der Rechtsprechung stets allgemein, wenn auch mit kleinen Modalitäten festgehalten worden. Darnach ist der Miether, wenn Vermiether selbst ihm oder dessen Frau oder einem sonstigen Hausgenossen gegenüber wegen einer rückständigen Miethsschuld mündlich erklärt hat „er mache an den Möbeln wegen der rückständigen Miethe sein Retentionsrecht geltend," auch wenn er von der Erklärung des Wirths nur durch einen Hausgenossen Kenntniß erhielt, durch Wegnahme der Sachen aus der Wohnung ohne Zahlung der Miethsschuld strafbar. Die Strafbarkeit wird auch dadurch nicht ausgeschlossen, wenn der „rückende" Miether Mobilien gegen den Willen des Wirths entfernt, welche gesetzlich kein Gegenstand der Zwangsvollstreckung sein sollen (Erk. d. Reichsger. v. 8. Mai u. 23. Nov. 1880). Dies hat das Erkenntniß des Reichsgerichts vom 1. April 1881 dahin ausgedehnt, daß die Strafbarkeit auch dann eintreten soll, wenn Vermiether dem Miether gegenüber das Retentionsrecht nicht ausdrücklich geltend gemacht hat. Uebrigens wird dadurch, daß der Miether während des Miethsverhältnisses einzelne Theile seiner Mobilien veräußert, welche Käufer zunächst im Gewahrsam und Gebrauch des Miethers in dessen Wohnung zurückläßt, das dem Vermiether zustehende Retentionsrecht an jenen veräußerten Mobilien nicht berührt; weder

Miether noch Käufer dürfen diese Mobilien wider den Willen des Vermiethers aus dem Hause schaffen, bis der Miethszins für das laufende Quartal berichtigt ist, widrigenfalls sie sich des strafbaren Eigennutzes nach § 289 des R.-Str.-G.-B.'s schuldig machen (Erk. d. Reichsger. v. 25. Mai 1881).

Cedirt ein Hauseigenthümer eine Miethsforderung an einen Dritten, ohne sein Grundstück an diesen mitzuübertragen, so geht auf den Cessionar das Pfand- und Retentionsrecht an dem Eingebrachten des Miethers nicht über und dieser ist somit auch nicht zur Stellung des Strafantrages wegen „Rückens" befugt (Erk. d. Reichsger. v. 16. Sept. 1884).

Das straflose „Rücken" mit Hülfe eines Anderen wird übrigens dadurch wesentlich erleichtert, daß der Gerichtsvollzieher, welcher wegen der vollstreckbaren Forderung eines Gläubigers das Mobiliar des Schuldners aus dessen Wohnung ohne Rücksicht auf den sein Retentionsrecht wegen der Miethsschuld geltend machenden Vermiether entfernt, das Mobiliar dem Schuldner und nicht dem Vermiether auszuantworten hat, sobald der Gläubiger seinen Pfändungsauftrag zurücknimmt und das Mobiliar freigiebt. Vermiether kann sich dagegen nur dadurch schützen, daß er sofort nach der Zwangsvollstreckung sein Recht auf vorzugsweise Befriedigung aus dem Mobiliar durch Klage geltend macht und eine entsprechende schleunige gerichtliche Verfügung an den Gerichtsvollzieher veranlaßt (Erk. d. Reichsger. v. 2. Juli 1883). Ferner ist das Wegschaffen von Sachen aus einer Miethswohnung in eine andere desselben Hauses seitens des den Miethszins schuldenden Miethers oder des Inhabers einer anderen Wohnung zu Gunsten des Miethers nicht als strafbarer Eigennutz zu bestrafen (Erk. d. Reichsger. v. 22. April 1884).

Schaffen Leute auf Verlangen des Miethers dessen Mobiliar trotz des Einspruchs des sein Retentionsrecht geltend machenden Vermiethers aus der Wohnung, indem sie diesen durch Gewalt oder Drohung zur Duldung des Fortschaffens nöthigen, so sind diese Personen wegen Nöthigung mit Gefängniß aus § 240 R.-Str.-G.-B.'s zu bestrafen, selbst wenn der Hauswirth mit Unrecht ein Retentionsrecht geltend gemacht hatte (Erk. d. Reichsger. v. 26. Juni 1880).

Uebrigens gilt die Verleitung des Vermiethers zur Verzichtleistung auf sein Retentionsrecht als Betrug.

V. Der Vermiether hat auch wegen der künftig fällig werdenden Miethszinsen ein Retentionsrecht an den Sachen des Miethers, der letztere macht sich demgemäß bei Hinterziehung der Sachen auch aus § 289 R.=G.=B. strafbar (Erk. d. Reichsger. v. 5. Juli 1881).

VI. Berechnung des Vierteljahres, für welches der Miethszins zum Nachtheil eingetragener Gläubiger vorausberhoben werden darf. Das frühere Preußische Ober=Tribunal ist bei seiner Rechtsprechung stets davon ausgegangen, daß das in § 480, Theil I Titel 20 des Allgemeinen Landrechts gedachte Vierteljahr nicht vom Ablaufe desjenigen Quartals, worin die Beschlagnahme erfolgt ist, sondern vom Tage der Beschlagnahme an läuft, und daß der Paragraph, obwohl er nur von Pachtzins spricht, auch auf Miethszins zu beziehen ist. Nicht anders ist der § 31 a. a. O. des Gesetzes vom 5. Mai 1872 nach seinem Wortlaute zu verstehen, welcher vom § 480 nur insoweit abweicht, als er neben dem Pachtzins auch ausdrücklich den Miethszins erwähnt und nicht blos den gegenwärtigen, sondern auch den zukünftigen Hypothekengläubigern Schutz gegen Vorausbezahlung des Miethszinses gewährt. Die Motive zum Gesetze vom 5. Mai 1872 betonen, daß abgesehen von dem letzteren Punkte das bestehende Recht nicht habe geändert werden sollen (Erk. d. Reichsger. v. 29. Nov. 1880).

VII. Der Eigenthümer, welcher sich das Betreten und den Aufenthalt in einem der von ihm vermietheten Räume (beispielsweise in dem zu seinem Grundstück gehörigen Garten, den er an einen Andern vermiethet hat) für sich und seine Angehörigen vorbehalten hat, macht sich nach einem Urtheil des Reichsgerichts vom 6. Mai 1881 dennoch des Hausfriedensbruches schuldig, wenn er den Raum betritt und dort Handlungen vornimmt, welche das Recht des Miethers widerrechtlich hindern, und wenn er der Aufforderung des Miethers zum Verlassen des Besitzthums nicht Folge leistet; auch schon, wenn er den vermietheten Raum betritt, um den Miether zur Räumung der Wohnung zu bewegen (Erk. d. Reichsger. v. 1. Mai 1884).

Uebrigens ist jeder Mitbewohner des Hauses befugt,

Personen, welche sich ohne jede Befugniß im Hausflur, auf den Treppen oder in einem sonstigen von den Hausbewohnern gemeinschaftlich benutzten Raume aufhalten, wegzuweisen und die Nichtbeachtung dieser Ausweisung gilt auf Antrag des Ausweisenden als Hausfriedensbruch (Erk. d. Reichsger. v. 10. Dez. 1879).

Nach den einschlägigen Bestimmungen des Allgemeinen Landrechts darf ein Vermiether selbst dann nicht eigenmächtig gegen seinen Miether einschreiten, wenn auch der Mieths= vertrag abgelaufen ist. Das Hausrecht geht erst mit der Uebergabe der Schlüssel an den Vermiether über. Eine zwangsweise Räumung kann nur mit Hülfe der zuständigen Behörden herbeigeführt werden (Erk. d. Berl. Landger. II. v. 24. August 1881). Vgl. oben Kap. II. Abschn. 2 zu III.

Sechstes Kapitel.

Meldewesen.

Die An= und Abmeldepflicht zwischen Wirth und Miether ist durch Lokal=Polizeiverordnungen geregelt. Allgemein gültige Grundsätze für das platte Land und die Städte sind, daß 1) jeder Hauseigenthümer bei Vermeidung einer Geld= strafe verpflichtet ist, von dem An= oder Abzuge seiner Miether der Ortspolizeibehörde binnen 24 Stunden Kenntniß zu geben; 2) zu gleicher Anzeige Aftermiether und die Personen ver= pflichtet sind, welche Andere bei sich in Schlafstelle auf= nehmen und 3) der An= und Abzug des Gesindes und der Hausoffizianten von der Dienstherrschaft binnen 24 Stunden bei der Ortspolizeibehörde zu bewirken ist. Persönliche Meldung ist nicht erforderlich, sondern es genügt die schriftliche oder die Meldung durch einen Be= vollmächtigten insbesondere den Hauswirth im Auftrage des Miethers (Rescr. v. 18. Dez. 1837 M. Bl. 1846 S. 10; Erk. d. Ob.=Trib. v. 5. Nov. 1855 u. 21. Dez. 1863). In Berlin hat der Hauseigenthümer die Verant= wortung für diese Meldpflicht aller im Hause befindlichen Personen. Ein Erkenntniß des Landgerichts sprach jedoch in einem Streitfalle die Hauseigenthümer von der Uebertretung frei, indem es die Ansicht des Vorder=Richters, daß sich der Wirth um die rechtzeitige An= und Abmeldung der in seinem

Hause wohnenden Personen kümmern müsse und unter allen Umständen mit dafür verantwortlich sei, verwarf und diesen, da derselbe nicht früher Kenntniß von der betreffenden Veränderung hatte, als schuldlos erachtete, und zwar um so mehr, als auch nicht ersichtlich, daß er sich in seinen bezüglichen Obliegenheiten eine Nachlässigkeit habe zu Schulden kommen lassen. Hiergegen legte die Staats-Anwaltschaft die Revision ein, ausführend, daß hier eine böse Absicht gar nicht in Frage komme, sondern daß der Hauswirth unter allen Umständen für eine nicht rechtzeitige Meldung bestraft werden müsse. Die Ober-St.-A. hingegen schloß sich im Audienztermin vor dem Kammergericht am 16. Dezember 1880 dieser Ansicht nicht an, sondern hielt vielmehr dafür, daß in diesem Falle nur der Miether verfolgt werden müßte. Das Kammergericht wies daher die Revision aus folgenden Gründen zurück: Allerdings ist der Eigenthümer für die rechtzeitige Meldung verantwortlich, denn die Verpflichtungen des Miethers und des Eigenthümers sind ganz selbstständige und von einander unabhängige. Die innere Verbindung besteht nur in Bezug auf die Sicherung der Richtigkeit der Meldung. Dennoch aber scheiterte die Revision an der Feststellung des Vorder-Richters indem dieser für thatsächlich erachtet, daß der Wirth von der qu. Veränderung weder Kenntniß gehabt, noch anderweit in der Lage gewesen ist, sich Kenntniß davon zu verschaffen.

Siebentes Kapitel.
Zuständigkeit der Gerichte.

Die heut für ganz Deutschland geltende Prozeß-Ordnung kennt, wie bereits gelegentlich erwähnt ist, ein besonderes Verfahren in Miethssachen nicht mehr: in Prozessen zwischen Vermiethern und Miethern kommen lediglich die allgemeinen Rechtsregeln über das Verfahren in seinen verschiedenen Stadien, insbesondere auch über die Beweisaufnahme, zur Anwendung. Dagegen hat das heutige Prozeßrecht die Zuständigkeit der Gerichte für diese Sachen in eigenartiger, exceptioneller Weise geregelt, indem es, abweichend von der prinzipiellen Gestaltung, wonach, je wie der Werth des Streitgegenstandes 300 Mark übersteigt oder nicht, Landgericht oder Amtsgericht das zuständige Gericht sind, alle Prozesse wegen

Ueberlassung, Benutzung und Räumung von Miethsräumen sowie wegen Zurückhaltung der eingebrachten Sachen des Miethers den Amtsgerichten zur Aburtheilung in erster Instanz zuweist.¹) Ist aber das Bestehen oder die Dauer des Miethsverhältnisses streitig, so tritt Werthberechnung ein und für diese ist der Betrag des auf die ganze streitige Zeit fallenden Zinses, und, wenn der 25 fache Betrag des einjährigen Zinses geringer ist, dieser Betrag entscheidend.²)

Diese Streitigkeiten sind Ferien sachen.³)

¹) § 23 Ger.-Verf.-Ges.
²) § 8 C.-Pr.-O.
³) § 202 Nr. 4 Ger.-Verf.-G.

Diese Zuständigkeitsregulirung bietet der kritischen Betrachtung zwei Seiten der Erwägung: die Wirkung derselben scheint uns ein doppelter.

Es liegt auf der Hand, daß bei den erwähnten Prozessen auf möglichst beschleunigte Entscheidung ein Hauptaugenmerk zu richten ist, daß eine Hinzögerung, eine Verschleppung der Sache für die Betheiligten von den verhängnißvollsten Folgen begleitet sein kann. Die Fragen, wo man sein Haupt hinlegen, wo man sein Hab und Gut unterbringen solle, ob ein Anderer befugt, dasselbe uns vorzuenthalten, diese Fragen betreffen Lebensinteressen eines jeden Individuums, sind ihrer Natur nach Fragen, die sich unter keinen Umständen lange in der Schwebe befinden dürfen. Das amtsgerichtliche Verfahren aber ist ein einfacheres, formloseres und schnelleres, als das Verfahren vor dem Landgericht, und dürften von diesem Gesichtspunkte aus die Amtsgerichte sicherlich für berufener zur Aburtheilung der in Rede stehenden Prozesse zu erachten sein, als die Landgerichte.

Das Rechtsmittel gegen Urtheile der Amtsgerichte, welche auf Antrag für vorläufig vollstreckbar zu erklären sind,¹) ist die Berufung an das Landgericht. Mit der Entscheidung der Berufungskammer des Landgerichts ist der Rechtszug erschöpft, die Sache endgültig erledigt.

¹) § 649 C.-Pr.-O.

Muster zu einem Miethsvertrage.

§ 1. Der Rentier W. Wiedebach vermiethet in seinem Schillingstr. Nr. 10 belegenen Hause eine im Vorder- (Hinter-, Seiten-) Gebäude zu ebener Erde (... Treppen hoch, im Keller), rechts (geradezu, links) belegene, aus ... Laden, ... Stuben, ... Kammern, ... Alkoven, Küche, Keller, Bodenverschlag, Pferdestall, Wagenremise bestehende Wohnung, sowie das Recht zur Mitbenutzung des gemeinschaftlichen Waschhauses und Trockenbodens und zum Aufenthalte im Garten (letzteren jedoch nur für sich und die bei ihm wohnenden Familienangehörigen, also nicht auch für etwaige Besucher), auf die Dauer vom 1. Juli 1885 bis 1. Juli 1888, also auf drei Jahre, an den Kaufmann Hermann Reinhardt.

§ 2. Der jährliche Miethszins ist einschließlich aller Nebenabgaben auf 3000 Mk. vereinbart und in Quartals- (Monats-) Raten voraus- (nach-) bezahlungsweise bis spätestens am jedesmaligen dritten Tage zu entrichten. Zahlungsverzug berechtigt den Vermiether, sofortige Räumung der Wohnung zu fordern.

§ 3. Vermiether leistet für den guten, namentlich gesundheitsunschädlichen und bausicheren Zustand der Miethswohnung Gewähr. Er verpflichtet sich die Wohnung, sowie die zu ihr gehörigen Thüren und Schlösser nebst den nöthigen Schlüsseln, die Oefen, Feuerherde, Kochmaschinen mit den erforderlichen Thüren und Rösten, die Decken, Wände, Tapeten und Fußböden, Täfelungen, Fenster, Markisen, Gardineneisen und Spiegelhaken dem Miether in gutem und brauchbarem Zustande zu übergeben, widrigenfalls Miether die Uebernahme verweigern oder die Wohnung sofort wieder räumen darf. Miether hat dieselbe in ebensolchem zurückzugewähren, soweit nicht etwa die Verschlechterungen in Folge der Zeit und durch den ordnungsmäßigen Gebrauch der Miethsräume entstanden sind. Er soll deshalb verpflichtet sein, die von ihm in das Mauer- oder Holzwerk geschlagenen Nägel, Haken und Schrauben darin zu belassen oder die durch das Wiederherausziehen entstehenden Beschädigungen an Wänden, Tapeten und Dielen auf seine Kosten wiederherstellen zu lassen.

§ 4. Während der Dauer des Miethsverhältnisses hat Miether ohne Ersatzanspruch an den Vermiether auf eigene Kosten
  a) etwaige durch Hagel, Zerspringen oder sonstige Weise beschädigte Fenster wiederherzustellen;[1]
  b) gewünschtes oder nothwendig gewordenes[2] Tapezieren oder Malen der Wände, Streichen der Thüren, Fenster und Dielen, Umsetzen der Oefen zu bewirken. Doch dürfen schlechtere Tapeten als die übergebenen nicht gewählt, auch darf die Farbe der äußeren Fensterrahmen und Thüren ohne Einwilligung des Miethers nicht geändert werden.

Zu anderweiten baulichen Veränderungen oder Verbesserungen, welche sämmtlich auf eigene Kosten zu beschaffen und beim Auszuge ohne Ersatzansprüche zurückzulassen sind, ist die schriftliche Genehmigung des Vermiethers nöthig, widrigens Miether bei seinem Auszuge verpflichtet ist, die Wohnung in denjenigen baulichen Zustand zurückzuversetzen, den sie bei der Uebergabe hatte.

§ 5. Miether darf in der Wohnung kein anderes Gewerbe betreiben, als dem Vermiether angegeben ist; auch darf er ohne schriftliche[3] Genehmigung des Vermiethers weder mehrere noch andere als die beim Miethen genannten Angehörigen zum dauernden Aufenthalt in die Wohnung aufnehmen oder die Miethsräume ganz oder theilweise weiter ver- oder vermiethen, widrigenfalls Vermiether berechtigt ist, die Uebergabe der Wohnung zu verweigern oder nach erfolgter Uebergabe die sofortige Räumung zu verlangen. Zudem hat Miether jede Veränderung in den Personenstandsverhältnissen seines Hausstandes oder der ihm erlaubten Aftermiether sofort anzuzeigen, widrigenfalls er dem Vermiether zum Ersatze der wegen unterlassener polizeilicher An- und Abmeldungen diesen treffenden Strafen verantwortlich bleibt.

---

[1] Ist hierüber nichts festgesetzt, so haftet Miether nicht für den durch „höhere Gewalt" entstandenen Schaden, überhaupt nur für mäßiges Versehen (§ 278, I 21 A. L.-R.).

[2] Enthält eine Aenderung der gesetzlichen Vorschriften (§§ 273. 364. 365 das.).

[3] Ueber die Form der Aftervermiethung an eine bestimmte Person entscheidet die Abrede der Parteien, da keine solche vorgeschrieben ist.

§ 6. Alle vom Vermiether für zweckmäßig und nothwendig erachteten baulichen Veränderungen und Reparaturen, insbesondere das Streichen von Thüren und Fenstern muß Miether sich ohne Ersatzanspruch gefallen und zu diesem Zweck das Betreten der Miethsräume geschehen lassen. Vermiether hat jedoch Vorkehrungen zu treffen, daß Miether niemals gleichzeitig an der Benutzung von mehr als zwei Miethsräumen behindert wird, widrigenfalls Miether für das entzogene Gebrauchsrecht der Wohnung Ersatz fordern darf. Durch die Bauausführung verursachte Beschädigungen der Tapeten, Dielen, Wände etc. hat Vermiether herzustellen, welcher auch für alle dem Miether während der Bauausführung in den dazu offen zu lassenden Räumen abhanden gekommenen oder beschädigten Gegenstände Ersatz zu leisten hat.

§ 7. Miether und Vermiether unterwerfen für die Dauer des Miethsverhältnisses für sich und ihre Hausgenossen sich der strengen Beobachtung der als wesentlichen Bestandtheil dieses Vertrags von ihnen beiden vollzogenen (beigefügten) Hausordnung und leisten sich gegenseitig Gewähr, und zwar Miether, daß diese Hausordnung von ihm selbst, seinen Familienangehörigen, Dienstboten, Aftermiethern und Schlafleuten, der Vermiether, daß sie von ihm, seinen Familienmitgliedern, Dienstboten, sowie sämmtlichen Miethern im Hause streng befolgt wird. Wird dieselbe in einer der Satzungen vom Miether oder den von ihm zu vertretenden Personen übertreten, so kann Vermiether sofortige Räumung der Wohnung fordern. Handelt aber Vermiether selbst oder eine andere Person im Hause, so soll Miether sofortigen Abzug und überdies Ersatz der Umzugskosten zu fordern berechtigt sein.[1])

§ 8. Erlaß eines Theils des Miethszinses kann Miether nur verlangen, wenn er durch bauliche Veränderungen an Benutzung seiner Wohnung länger als acht Tage innerhalb eines Monats behindert wird. Anspruch auf Entschädigung wegen Nichtbenutzung der Gas- und Wasserleitung und jedenfalls das Recht zum Einbehalten der für Gas- und Wasserleitung vereinbarten Beträge hat er, wenn er innerhalb eines Quartals länger als 14 Tage in Folge Fehler der

---

[1]) Diese strengen Bestimmungen zur Aufrechterhaltung der Hausordnung werden indeß dem Richter schwerlich eine Handhabe zur Exmissionsklage bieten.

Einrichtung die Gas- und Wasserleitung nicht benutzen konnte.

§ 9. Der Miether hat nicht das Recht, diesen Vertrag ohne Einwilligung des Vermiethers an einen Dritten abzutreten.

§ 10. Die Kündigung[1]) der Wohnung hat 6 Monat und 3 Tage vor Ablauf des Vertrages bis spätestens 10 Uhr Abends schriftlich in einem eingeschriebenen Briefe zu erfolgen. Erfolgt keine Kündigung, so gilt der Vertrag auf weitere 3 Jahre für verlängert. Nach geschehener Kündigung muß Miether behufs anderweiter Vermiethung die Besichtigung der Wohnung Vorm. zwischen 9 und 1 Uhr und Nachm. zwischen 3 und 6 Uhr sich gefallen lassen.

§ 11. Vermiether behält sich das Recht vor, innerhalb der Dauer des Vertrages die Wohnung zu kündigen, wenn er das Grundstück sollte verkaufen können und Käufer die Uebernahme des Miethsverhältnisses beanstandet. Miether verpflichtet sich in diesem Falle gegen eine ihm vom Vermiether zu zahlende Entschädigung von 100 Mk. für jedes Kalenderquartal, um das er früher ausziehen muß, als der Vertrag ihm einräumt, an dem der Kündigung folgenden zweiten Kalenderquartalsersten die Wohnung zu verlassen.

§ 12. In allen Fällen, in denen vorliegender Vertrag dem Vermiether das Recht giebt, sofortige Räumung der Wohnung zu verlangen, soll dieser nicht bloß auf Exmission klagen, sondern auch fordern können, daß Miether noch vor Verlassen der Wohnung die für das laufende Quartal fällige Miethe zahlt und für Zahlung der Miethe auf die Dauer des Vertrages, zu der er, solange eine anderweite Vermiethung der Wohnung nicht stattfindet, verpflichtet zu sein hiermit ausdrücklich übernimmt, genügende Sicherheit bestellt.

§ 13. Dieser Vertrag ist in 2 gleichlautenden Exemplaren errichtet. Den Stempel des Hauptexemplares trägt Miether, den des Nebenexemplares Vermiether. Für Stempelerneuerung hat nach Ablauf der Fristen Miether zu sorgen und trägt sämmtliche nach Ablauf dieser Pflicht entstehenden Kosten.

§ 14. Miether räumt dem Vermiether ausdrücklich die Befugniß ein, an jedem Werkeltage Vorm. zwischen 9 und

---

[1]) Bei auf bestimmte Zeit gemietheten Räumen bedarf es gesetzlich nicht einer Kündigung (§ 324, I 21 A. L.-R.).

1 Uhr die Wohnung zu betreten, wenn derselbe den Zustand und die Beschaffenheit der Wohnung besichtigen will.[1])

§ 15. Miether versichert, daß die in die Wohnung einzubringenden Gegenstände sein und seiner Frau Eigenthum und nicht sogen. Leihmöbel sind und er wird ohne Einwilligung des Vermiethers, dessen Zurückbehaltungsrecht an denselben vom Augenblick des Einbringens an er ausdrücklich anerkennt, kein Stück davon aus der Wohnung entfernen.

B., genehm. und unterschrieben.

W. Wiedebach.   H. Reinhardt.

Muster einer Hausordnung.
(Nach den Bestimmungen der berüchtigten Berliner Miethsverträge.)

1. Die Treppen und Flure lassen die Miether ein- und desselben Stockwerks abwechselnd eine Woche hindurch Sonnabends scheuern und Mittwochs reinfegen, die Flurfenster reinigen und putzen zu lassen, ist dagegen Sache des Hauswirths. Der Miether hat aber darauf zu achten, daß Niemand von den Seinigen weder den Hof, noch die Straße verunreinige, sowie auch, daß die durch sein Vieh, Hunde, Katzen etc. auf dem Hofe, den Fluren und Treppen verursachten Unreinlichkeiten sogleich beseitigt werden. Alle Hausthiere dürfen übrigens nur mit besonderer Bewilligung des Vermiethers gehalten werden.

2. Müll, Glas, Scherben, Abgänge aus der Küche etc. werden nirgends anders wohin, als an den dazu angewiesenen Ort gebracht.

3. Blumentöpfe und dgl. dürfen, um Schaden zu verhüten, nicht außerhalb der Fenster gesetzt, auch kein unreines Wasser aus denselben gegossen werden. Schilder am Hause können erst nach eingeholter Erlaubniß angebracht werden.

---

[1]) Diese Bestimmung ist anzurathen, weil Vermiether wegen Hausfriedensbruch strafbar ist, wenn er die Miethswohnung betritt und ungeachtet der Aufforderung des Miethers nicht verläßt.

4. Brennmaterial darf nie in der Wohnung oder Küche, sondern nur an dem dazu angewiesenen Orte und zwar nur von Morgens 7 Uhr bis Abends 6 Uhr kleingemacht werden. Der dagegen verstoßende Miether räumt dadurch dem Vermiether das Recht ein, die am Feuerherd, den Fliesen, Dielen gemachten Beschädigungen sofort auf seine, des Miethers Kosten wiederherstellen zu lassen. Steinkohlen, Coaks dürfen nur mit Bewilligung des Vermiethers als Brennmaterial benutzt und Regenwasser nur in den Kellern aufbewahrt werden.

5. Der Hof (die Gallerien) dürfen zum Wäschetrocknen nicht benutzt werden, das Waschhaus und der allgemeine Trockenboden nur mit Bewilligung des Vermiethers, dem dies 3 Tage vorher anzuzeigen ist und von dem die Schlüssel abgeholt und ihm sogleich nach gemachtem Gebrauche zurückgeliefert werden müssen. Das Waschen und Trocknen der Wäsche für Leute außer dem Hause ist nur mit besonderer Bewilligung des Vermiethers, sonst gar nicht erlaubt; auch darf die Wäsche niemals in den zum Quartiere gehörenden Gemächern, sondern muß im Waschhause oder an dem vom Vermiether angewiesenen Orte gereinigt werden.

6. Solange es friert, muß das Wäschespülen, Gefäßscheuern etc. am Brunnen auf dem Hofe ganz vermieden, unreines Wasser etc. aber jederzeit an dem dazu bezeichneten Orte ausgeschüttet werden. Das Ausspülen der schmutzigen Eimer im Hofraume ist streng untersagt.

7. Diejenigen Miether, denen außer ihrem Wohngelaß ein Bodentheil eingeräumt ist, sind verpflichtet, denselben von dem eingetriebenen Schnee zu reinigen, sowie jeden bemerkten Schaden am Dache und etwaiges Eindringen des Regens dem Vermiether anzuzeigen, damit die nöthige Ausbesserung schleunigst bewerkstelligt werden kann.

8. Mit Feuer und Licht muß auf das Sorgsamste umgegangen werden, und Niemand darf mit Licht ohne Laterne auf den Boden, in den Stall oder Keller gehen; ferner darf niemals Asche auf den Boden, in das Kloset oder den Keller, sondern nur an den dazu angewiesenen Ort gebracht werden und ist Miether für sich und seine Leute für allen hieraus entstandenen Schaden allein verantwortlich.

9. Alles Lärmen und Zanken im Hause, Trunkenheit, unnütze Geräusch der Dienstleute, Thürenwerfen, Treppen-

laufen, Kindergeschrei auf Flur und Hof sind, sowie das Niederlassen vor der Hausthür, auf dem Hofe, Flur und den Treppen sind durchaus nicht gestattet. Als Bedingung wird gestellt, daß sich weder Miether noch dessen Angehörigen und Dienstboten ohne Beschäftigung auf dem Hausflur und nicht zur Unterhaltung (Klatschen) in und vor der Hausthür aufhalten dürfen.

10. Wäsche und Betten zum Trocknen oder Sonnen aus den Fenstern sowohl nach der Straße, als nach dem Hofe hinaus zu hängen, kann durchaus nicht gestattet werden. Auch darf Miether ohne ganz besondere Bewilligung des Vermiethers auf dem Flure, Hofe, den Treppen, in den Kellergängen oder in sonstigen für die Gesammtheit der Hausbewohner bestimmten Orten, nichts, was es auch sein wolle, hinstellen, hinlegen etc. Viktualien etc., die durch ihre Dünste und Eigenschaften den Gebäuden nachtheilig, den Mitbewohnern aber unangenehm sind, dürfen in Mengen in der Wohnung nicht aufbewahrt werden.

11. Miether, welchem Schlafburschen oder andere Personen in die Wohnung aufzunehmen erlaubt ist, bleibt für sie jedenfalls verantwortlich. Unsichere und lüderliche Personen dürfen überhaupt im Hause nicht beherbergt werden. Miether und dessen Angehörigen wird zur Pflicht gemacht, Flur und Treppen nicht mit Holzpantinen zu betreten.

12. Abends wird pünktlich im Sommer um 11, im Winter um 10 Uhr das Haus geschlossen; es ist daher unerläßlich, daß diejenigen einwohnenden Personen, die keinen Hausschlüssel besitzen, sich zu der bestimmten Zeit in ihrer Wohnung einfinden, da späteres Klopfen, Rufen nur Störung verursacht und erfolglos bleibt. Schlafburschen und anderen inliegenden Personen darf ohne ausdrückliche Bewilligung des Vermiethers kein Hausschlüssel verabfolgt werden. Bei etwaigem Verlust des Hausschlüssels ist derselbe dem Vermiether unfehlbar anzuzeigen, um event. das Schloß und die Schlüssel der Mitbewohner auf Kosten des Miethers verändern zu lassen.

13. Beim Gebrauch des Wassers darf dasselbe nicht vergeudet werden und ist daher nach demselben der Hahn sorgfältig zu verschließen, welcher übrigens nicht offen gelassen werden darf, wenn das Wasser versagen sollte. Das Abflußbecken ist stets vor Verstopfung zu bewahren; sollte diese

dennoch durch Zufall eintreten, so muß dem Vermiether davon sofort Anzeige gemacht werden und, bis Abhülfe erfolgt, darf die Wasserleitung nicht benutzt werden. Bei eintretendem Frost hört dieselbe auch auf, ohne daß es einer besonderen Anzeige bedarf. Uebrigens muß den Beamten der Wasserleitung und dem Vermiether der Zutritt zu den Räumen der Wasserleitung zu jeder Zeit gestattet werden.

Alphabetisches Sachregister.

Abgaben, Tragung durch den Vermiether 13.
Aftermiether, Pfandrecht des Vermiethers an dessen Mobilien 23; dessen Gestellung durch den Miether bei Veränderung in seiner Person 38; Duldung deren Aufnahme 49; Pfandrecht des Aftervermiethers an dem Eingebrachten des Aftermiethers 61; An- und Abmeldepflicht 66.
Aftervermiethsverträge, Stempelung 4; Zulässigkeit nur mit Genehmigung des Vermiethers 19; Form 21 (s. a. Aftervermiethung).
Aftervermiethung, Zulässigkeit 19; Versagung der Genehmigung dazu 19 f.; Schriftlichkeit oder Mündlichkeit der Einwilligung des Vermiethers dazu 21; Nichtbeseitigung der schriftlichen Genehmigung durch entgegengesetzte Nebenabreden zum Nachtheile des neuen Grundstückserwerbers 21; Verhältniß zwischen Vermiether und Hauptmiether gegenüber der A. 21 f.; dsgl. des After-

miethers zum Hauptvermiether 22 f.; deren Erlöschen 23.
Amtsgericht, Zuständigkeit in Miethssachen 67 f.
Arrest, von Miethsforderungen 61 f.
Beamtenversetzung als Kündigungsgrund 39.
Beendigung der Miethe 26 ff., 29 ff., 33 f., 35, 38, 40 f., 42 f., 44 f., 47.
Bequemlichkeiten, Gewährg. durch den Vermiether 11.
Berlin, Beurtheilung dortiger Miethsverhältnisse 1; Räumungsfristen für Wohnungen 28; Meldewesen 66.
Berufung in Miethsstreitigkeiten 68.
Brauchbarkeit der Sache, Haftung d. Vermiethers dafür 8, 17, 21.
Cession, des Miethsvertrages, Stempelung 4; der Rechte etc. des Miethers auf Dritte 18 f.; dsgl. derer des Vermiethers 64.
Chambres garnies, Gewerbesteuer 23 ff.
Dienstboten, Uebertretung der Hausordnung durch sie 49,

74 f.; An- und Abmeldung 66 (f. a. Gesinde).

Ehefrau, Folgen deren Mitunterschrift unter dem Miethsvertrage 38; Nichtverpflichtung aus dem Miethsvertrage des Ehemannes 43 (f. a. Miethszins).

Ehemann, Nießbrauch am eingebrachten Grundstück der Ehefrau 43.

Eigennutz, strafbarer 64.

Eingebrachtes. Vorzugsrecht des Vermiethers an dem des Miethers 46; sein Pfandrecht an dem des Miethers 54 ff.; dsgl. des Aftervermiethers an dem des Aftermiethers 61; dsgl. an Sachen der Ehefrau 61.

Einquartirungslast 13; verhältnißmäßiger Nachlaß des Miethszinses deshalb 16, 46.

Enteignung, Aufhebungsgrund des Vertrages 7.

Erben des Vermiethers. Uebergang seiner Rechte etc. auf sie 13; dsgl. der des Miethers 18; des Miethers, deren Kündigungsrecht 38.

Erbmiethe 26.

Erfüllung, des Miethsvertrages, durch Unmöglichkeit 7.

Erlaß, vom Miethszinse 16, 40, 45 f.

Exmission, des Miethers wegen Aftervermiethung 20, 22; Recht auf dieselbe im geringeren Umfange 44; Verzicht auf deren Ausübung 45; wegen unsittlichen Gewerbes 48.

Fälligkeitstermine, d. Zinszahlung 15.

Feuchtigkeit, Vertragsaufhebungsgrund 41.

Form des Miethsvertrages 3 f.; die schriftliche Genehmigung zu baulichen Veränderungen 12.

Gegenseitigkeit der Leistungen 9.

Geld, baares, dessen Mitverpfändung 59.

Gerichte, Zuständigk. in Miethssachen 67 f. (f. a. Amtsgericht, Landgericht).

Gesinde, An- und Abmeldung 66 (f. a. Dienstboten).

Gewährsmängel, deren Verjährung bei Miethsverträgen 17.

Gewerbe, unehrliches oder schädliches, Versagung der Aftervermiethung deshalb 19; unsittliches, sofortige Räumung der Wohnung deshalb 48 (f. a. Chambres garnies).

Gewerbesteuer, der chambres garnies-Vermiether 23 ff.

Gewinn, entgangener, dessen Ersatz bei groben Versehen etc. des Vermiethers 36.

Hagelschlag, Nichthaftung des Miethers für ihn 18.

Hausbewohner, Recht zum Ausweisen Dritter 66.

Hauseigenthümer, An- und Abmeldung 66 (f. a. Vermiether).

Hausfriedensbruch 65 f.

Hausoffizianten, An- und Abmeldung 66.

Hausordnung, deren Uebertretung 49; Muster einer 74 ff.

Hausthiere, deren Duldung seitens des Vermiethers 50.

Höhere Gewalt, Nichthaftung des Miethers für sie 18; Erlaß des Miethszinses deshalb 45 f.

Holzkleinmachen hat noch nicht Räumung der Wohnung zur Folge 48.

Inhaberpapiere, Pfandrecht des Vermiethers daran 61.

Instandsetzung der Wohnung, Kosten 10.

„Kauf bricht Miethe," Anwendbarkeit 14, 35.

Kaufmannswaaren, Mitverpfändung 59 f.

Klage, des Gemeinschuldners auf Erfüllung des von ihm nach der Konkurseröffnung abgeschossenen Miethsvertrages 21; zwischen Vermiether und Miether 51 ff.; d. Vermiethers auf Befriedigung aus dem Mobiliar des Vermiethers nach der Zwangsvollstreckung in dasselbe 64.

Kompensation bei der Vermietherklage 53, 63.

Konkurs, des Miethers, Recht der Gläubiger hinsichtlich der Aftervermiethung 20; kein Abgang vom Vertrage aus der Eröffnung über sein Vermögen 39; Kündigung des Verwalters für ihn 46; Wirkungen des K. überhaupt 46; dsgl. des des Vermiethers 47.

Kostenersatz 10, 12.

Kriegsausbruch, wirklicher, begründet keine Miethsvorrechte 40.

Kriegszeiten, Befreiung von der Miethszahlung 16, 40.

Kündigung, Stempelverwendung bei deren Unterbleiben 4; Nichtbefugniß des Vermiethers dazu nach dem freiwilligen Verkauf der Sache 14; wegen versagter Genehmigung der Aftervermiethung 19 f.; behufs Beendigung des Vertrages 26, 29 ff.; Fristen dazu 30 f., 32; Form 31; Bedeutung der „gehörig geschehenen" 32; Auflösung des Vertrages durch sie 33 f.; der mündlichen Verträge 34; durch Subhastation 35; bei Hauptbauten 36; beim Tode des Miethers 37; bei unfreiwilligen Veränderungen in dessen Person 38 ff.; wegen Untüchtigwerdens der Sache 40 f.; wegen Rückstand im Miethszinse 43, 45; im Konkursfalle 46 f.; vertragsmäßige Festsetzung derselben 47; vorzeitige Auflösung des Vertrages ohne sie 47.

Kuppelei, des Vermiethers 48.

Landgericht, Berufung an dasselbe 68.

Lasten, der Tragung durch den Vermiether 13.

Mängel, der Wohnung; Recht des Miethers zur Auflösung des Vertrages deshalb 41.

Meldewesen 66 f.

Mißbrauch der Sache, Räumung der Wohnung deshalb 48.

Miethe, eingeschränkt. Nutzungsrecht 2; dingliches Recht 3, 14; Charakter 14; Beendigung 26 ff., 29 ff., 33 f., 41, 43, 45, 46 (s. a. Miethsvertrag, Miethszins).

Miether, Recht auf die Substanz der Sache 2, 17; Zahlung des Miethszinses 5; Schadensersatzpflicht d. Unternehmers an den Miether bei Enteignungen 7; Recht auf Ueberlieferung der Sache 8; dsgl. auf Vertretung deren Eigenschaften 8 f.; Rücktritt vom Vertrage wegen Mangel in der Vorleistung des Vermiethers 9; Nichtbeeinträchtigung seiner Wohnung durch Neubauten 11; Verbindlichleiten überhaupt 15; Pflicht zur Entrichtung des Miethszinses 15, 21; Recht zum Abzuge desselben 16; Anzeige der nothwendigen Reparaturen 17; Vertretung d. vertragswidrigen Benutzung 18; Haftung für mäßiges Verschulden 18; Nichthaftung für Zufall und höhere Gewalt 18; Räumung der Sache nach Ablauf der Miethszeit 18; Uebertragbarkeit seiner Rechte etc. 19; Zulässigkeit der unentgeltl. Aufnahme Dritter 19, 23; Unzulässigkeit der entgeltlichen Aufnahme Dritter 19, 23; Aftervermiethung 19 f.; Verhältniß zum After- (Unter-) miether 22; Kündigung des Vertrages 29 f; Widerspruch gegen die Kündigung des Vermiethers 31; Pflicht zur Annahme der Kündigung bei der Subhastation 35; Recht zur Wohnungsräumung bei Hauptbauten 36; Kündigungsrecht bei seinem Tode 37; Auflösung der Vertrages durch ihn wegen unfreiwilliger persönlicher Veränderungen 38 ff.; Mittheilung an ihn zur Räumung der Wohnung 45; Entsetzung durch höhere Gewalt etc. 45 f.; Wirkung seines Konkurses 46 f.; Exmission wegen unsittlichen Gewerbes 48; dsgl. wegen Holzkleinmachens etc. 48; als Verwalter fremder Sachen etc. 50; Rücken 63 f.

Mietherklage 53.

Miethsvertrag, Eigenthümlichkeiten u. Erfordernisse 1 ff.; Unterschied vom Pachtvertrage 1 f.; Verwandtschaft mit dem Kaufe 2; Consensualvertrag 3; Dauer 3; schriftliche Abfassung 3 f.; Cession 4; Stempelung 4 f.; Gegenstand 5; Preis 5; Wirkungen 6 ff.; Aufhebung 7, 34, 38, 40, 42, 47, 49; Erfüllung 7 ff.; Verjährungsfristen der Gewährsmängel und Entschädigungsansprüche 17; Ende 26 ff.; durch Kündigung 26, 29 ff., 33 f., 35 f., 38, 40, 42, 44 f., 47; bei solchen auf unbestimmte Zeit 27; Räumungstermine 27 f.; Zeitliche Begrenzung 27, 28 f, 32; dsgl. durch Volljährigkeit des Eigenthümers 32; Auflösung während der Vertragszeit 34 ff.; Folgen der Mitunterschrift der Ehefrau des verstorbenen Mannes 38; Aufhebung bei unfreiwilligen Veränderungen in den Personalverhältnissen d. Miethers 38 ff.; dsgl. beim Untüchtigwerden der Sache 40 f.; dsgl. durch den Rechtsnachfolger d. Vermiethers 42; Rücktritt von demselben wegen Nichterfüllung seitens des Anderen 43; Unwirksame Abänderung desselben durch Nachsichtsbewilligung in der Zinszahlung 44; vorzeitige Auflösung ohne Kündigung 47; Aufhebung durch Untergang der Sache 49; Verlängerung 49 ff.; Genehmigung des Vormundschaftsgerichts 51; als rechtliche Grundlage der Klagen 52 f.; Muster eines 69 ff.

Miethszins 2 f., 5; Zahlungsort 5 f.; Preis für die Gegenleistung 5, 15; Fälligkeitstermine 15; Zahlung bei Verzicht auf die Gegenleistung 9 f.; Rückzahlung 10; Zahlungsmodalitäten 15; Nachlaß 16, 17,

40, 45 f.; Endschaft d. Zahlung 27; Zahlung nach Ablauf des Miethstermines 31; Nichtverpflichtung zur Zahlung seitens der Wittwe des Ehemannes als Miether 38; Befreiung von Zahlung in Kriegszeiten 16, 40; Bestimmung nach dem Zeitverhältniß der Brauchbarkeit der Sache 40 f.; Befreiung von Zahlung beim Unbrauchbarwerden derselben durch Versehen des Vermiethers 41; Kündigung wegen Rückstand in dessen Zahlung 43; Räumung der Wohnung deshalb 45; Annahme als stillschweigende Vertragsverlängerung 50; Zurückbehaltungsrecht wegen fällig werdenden 65; Vorauserhebung 65.

Möblirte Zimmer, deren Vermiethen (s. Chambres garnies).

Mündlicher Miethsvertrag, dessen Wirksamkeit 3 f.; Verlängerung 50.

Nachleistung, des Miethers 9, 13.

Naturalien, als Zins 5.

Neubauten, Nichtbeeinträchtigung des Miethers durch sie 11.

Nutzungsperiode, Dauer 3.

Pachtvertrag 15.

Pfandrecht, des Vermiethers an den Mobilien des Aftermiethers 23; dsgl. des Vermiethers 54 ff., 62; Entstehung 56; Wirkung 57; Was ihm unterworfen ist 59; Erlöschen 58; an Geld und Kaufmannswaaren 59 f.; an unpfändbaren eingebrachten Sachen 60 f; an Schuldbokumenten 60; an Inhaberpapieren 61; an Sachen der Chefrau 61; des Aftervermiethers 61; Nichtübergang auf Dritte 64.

Preis für die Gegenleistung des Vermiethers, dessen Bestimmung 5.

Prolongation (s. Verlängerung).

Räumung, der Wohnung 10, 18, 50 f.; Fristen 18, 27 f.; während des Quartals 31; bei der Subhastation 35; bei Hauptbauten 36 f.; kein Verzicht auf das Exmissionsrecht aus der nach 6 Monaten 44; bei nicht prompter Miethszahlung 45; beim Mißbrauch der Sache 48; Folgen der Räumung während des Quartals 50 f.; als Folge gewisser Ereignisse 51.

Rechtsmittel 51 ff.

Reparaturen, Anzeige der nothwendigen 17; Unterlassung der Erfüllung der Reparaturpflicht des Vermiethers, Beweisführung 41.

Retentionsrecht (s. Zurückbehaltungsrecht).

„Rücken", des Miethers, strafbares 63; strafloses 64.

Rückgabe der Sache nach Ablauf der Miethszeit 18.

Rückstand d. Miethszinses, als Kündigungsgrund 43; als Räumungsgrund 45; Zurückbehaltungsrecht d. Vermiethers bezüglich desselben 57.

Rückzahlung, des Miethszinses 10.

Schadenersatz, seitens des Unternehmers bei Enteignungen 7; dsgl. des Vermiethers bei nicht erfolgter Vorleistung 9; aus dem Grundsatz: „Kauf bricht Miethe" 14; aus dem

Konkurse des Vermiethers 36; aus Versehen des Vermiethers 41; vertragsmäßige Festsetzung 43; des Vermiethers im Falle des Konkurses des Miethers 46.

Schriftlichkeit, des Miethsvertrages 3; Exmission aus demselben 44.

Schuldbokumente, Pfandrecht des Vermiethers daran 61.

Schwamm, als Aufhebungsgrund des Vertrages 41.

Sicherungsmittel, beiderseitige 53 ff.; des Vermiethers 54 ff.; des Miethers 62 f.

Substanz, Recht des Miethers auf dieselbe 2; Achthabung durch ihn 17.

Stempelung, des Miethsvertrages 4 f; des über die gemeinschaftliche Benutzung eines Bahnhofs 5; des Vertrages der Pferdeeisenbahngesellschaft 5; der Aftervermiethungsverträge 4; Ahndung der Hinterziehungen 5.

Sterbequartal, Pflichten der Erben des Miethers zur Fortsetzung des Vertrages nach dessen Ablauf 37.

Subhastation 14, 34 f.

Tapezierung der Zimmer, Zulassung seitens des Vermiethers 12.

Tod, des Vermiethers, rechtliche Folgen 13; des Miethers 18, 37 f.

Treppenbeleuchtung, Pflicht des Vermiethers dazu 13.

Truppenausmarsch, a. Kündigungsgrund 39 f.

Ueberlieferung der Wohnung 8.

Uebertragbarkeit, d. Rechtsverhältnisses d. Vermiethers 13.

Umzugstermine 27 f.

Untergang der Sache, als Aufhebungsgrund d. Vertrages 49.

Veränderungen, bauliche, schriftl. Genehmigung dazu 12.

Veräußerung der Sache; freiwillige Rechtsverhältnisse bei derselben 14; nothwendige gerichtl. Rechtsverhältnisse 14 (s. a. Subhastation).

Verbesserungen der Sache, ohne Genehmigung des Vermiethers 12; Ersatz deren Kosten durch den Vermiether 12.

Verjährung, der Gewährsmängel und Begründung von Entschädigungsforderungen bei Miethsverträgen 17.

Verkauf, der Sache (s. Veräußerung, Subhastation).

Verlängerung, des Miethsvertrages, Stempelung desselben bei unterbliebener Kündigung 4; überhaupt 49 ff.; Umfang 50; der mündlichen einjährigen Verträge 50.

Verletzung über d. Hälfte, Nichtanwendbarkeit 5 f.

Vermiether, Pflichten 6 ff.; bei Unmöglichkeit der Erfüllung 7; Ueberlieferung der Sache an den Miether 8; Schutz des Miethers in deren Besitz 8 f.; Vorleistung 7, 9 f.; Haftung für die Brauchbarkeit 8, 17, 21; Gewährung von Bequemlichkeiten 11; Nichtbeeinträchtigung des Miethers durch Neubauten 11; Zulassung der Tapezierung der Zimmer 12; schriftliche Genehmigung zu baulichen Veränderungen des Miethers 12; Schadenersatz für die Instandsetzungskosten des Miethers 12; Ersatz der Kosten wegen drohenden Schadens 12; dsgl. wegen Verbesserungen 12; Uebernahme der Lasten und Abgaben 13; Pflicht zur Flur- und Treppenbeleuchtung 13; Uebergang der Rechte und Pflichten auf seine Erben 13; Uebertragbarkeit unter Lebenden 13; Nichtbefugniß zur Kündigung nach dem freiwilligen Verkauf der Sache 14, 34; Vertretung der natürlichen Abnutzung der Sache 17; Widerrechtliche Nöthigung des Miethers zur Räumung der Wohnung 18; Genehmigung zur Aftervermiethung 19; Form derselben 20, 21; nicht Konkursgläubiger 20 f.; Klage des Gemeinschuldners gegen ihn auf Vertragserfüllung 21; Verhältniß zum Aftervermiether 21 f.; dsgl. zum Aftermiether 22; Pfandrecht an den Mobilien des Aftermiethers 23; Kündigung seinerseits 29 f.; Widerspruch gegen die des Miethers 31; Schadenersatz bei dessen Konkurse 36; Ersatz des entgangenen Gewinnes aus groben Versehen etc. 36; Kündigungsrecht im Todesfalle des Miethers 37; Folgen der Veränderung seiner Personalverhältnisse 40; Folge der Annahme einer Abschlagszahlung seinerseits 45; Vorzugsrecht an den eingebrachten Sachen des Miethers 46; sein Abgang vom Vertrage bei der Konkurseröffnung vor Uebergabe der Sache 47; Folgen seines Konkurses 47; Recht auf Räumung wegen Mißbrauch der Sache 48; strafbare Kuppelei 48; Einwilligung zur Verlängerung des Vertrages 49 f.; Erlöschen seines Rechts zur Aufhebung des Vertrages 50. als Pfandgläubiger 54 ff.; Widerspruch gegen d. Zwangsvollstreckung in das Mobiliar des Miethers 58, 64; Pfandrecht 61 f.; Zurückbehaltungsrecht 23, 54, 58, 63 f., 65; Hausfriedensbruch 65. (s. a. Kündigung, Hauseigenthümer).

Vermietherklage 52 f.; Kompensation dabei 53, 63.

Versetzung (s. Beamtenversetzung).

Vertrag (s. Miethsvertrag).

Volljährigkeit des Eigenthümers. Fortsetzung d. Vertrages bis zum gesetzl. Jahre 32, 51; Genehmigung d. Vormundschaftsgerichts bei Hinausgehen über dieses Jahr 51.

Vorleistung, d. Vermiethers 7.

Vormund, als Vermiether für sein Mündel 44.

Vormundschaftsgericht, Genehmigung d. Vertrages 51.

Werthberechnung in Miethsstreitigkeiten 67 f.

Zufälligkeiten, Einfluß auf d. Verbindlichk. d. Miethers 16.

Zurückbehaltungsrecht (Retentionsrecht), des Vermiethers an den Mobilien des Aftermiethers 23; dsgl. an denen des Miethers 54 ff., 63 f.; Wirksamkeit des vertragsmäßigen 58; Nichtübergang auf Dritte bei Cession von Miethsforderungen an sie 64; wegen fällig werdend. Miethszinsen 65.

Zwangsversteigerung (s. Subhastation).

Zwangsvollstreckung in das Mobiliar des Miethers, Widerspruch des Vermiethers 58, 64.

Druck von E. Buchbinder in Neu-Ruppin.